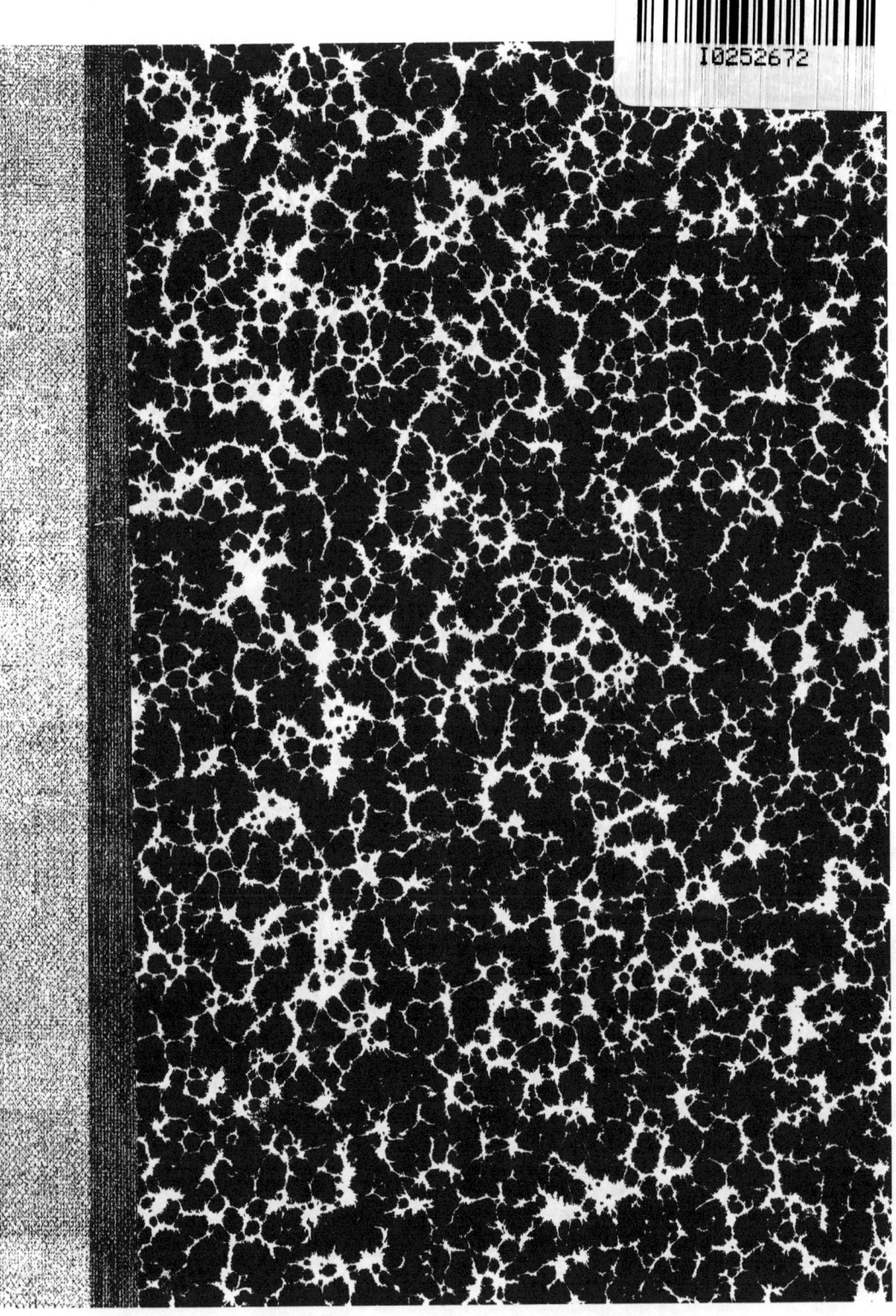

MÉMOIRES
PUBLIÉS PAR LES MEMBRES
DE LA
MISSION ARCHÉOLOGIQUE FRANÇAISE AU CAIRE

CHALON-SUR-SAONE
IMPRIMERIE FRANÇAISE ET ORIENTALE DE L. MARCEAU

MINISTÈRE DE L'INSTRUCTION PUBLIQUE ET DES BEAUX-ARTS

MÉMOIRES

PUBLIÉS

PAR LES MEMBRES

DE LA

MISSION ARCHÉOLOGIQUE FRANÇAISE

AU CAIRE

SOUS LA DIRECTION DE M. U. BOURIANT

TOME TREIZIÈME

Georges BÉNÉDITE

LE TEMPLE DE PHILÆ

1er Fascicule

PARIS
ERNEST LEROUX, ÉDITEUR
LIBRAIRE DE LA SOCIÉTÉ ASIATIQUE
DE L'ÉCOLE DES LANGUES ORIENTALES VIVANTES, DE L'ÉCOLE DU LOUVRE, ETC.
28, RUE BONAPARTE, 28
1893

DESCRIPTION ET HISTOIRE

DE

L'ILE DE PHILÆ

PREMIÈRE PARTIE

TEXTES HIÉROGLYPHIQUES

RELEVÉS ET PUBLIÉS

Par M. Georges BÉNÉDITE

Attaché au Département des Antiquités égyptiennes du Louvre

PARIS

ERNEST LEROUX, ÉDITEUR

LIBRAIRE DE LA SOCIÉTÉ ASIATIQUE
DE L'ÉCOLE DES LANGUES ORIENTALES VIVANTES, DE L'ÉCOLE DU LOUVRE, ETC.

28, RUE BONAPARTE, 28

1893

ILE DE PHILÆ

GRAND TEMPLE

NAOS DU GRAND TEMPLE
(INTÉRIEUR)

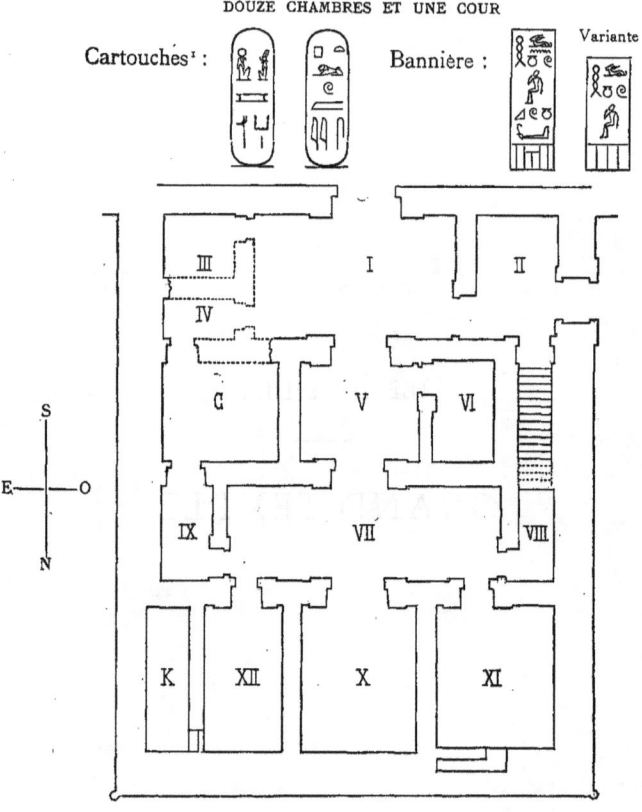

DOUZE CHAMBRES ET UNE COUR

PLAN du NAOS
I-XII, chambres; C, cour; K, crypte.

1. Ces cartouches seront ainsi abrégés : le premier en ⁅⁆ ; le second ⁅⁆. La bannière sera abrégée en ⁅⁆ et ⁅⁆.

N. B. — On n'a pas cru devoir se conformer, pour la publication de ces textes, au système raisonné du Mis de Rochemonteix. Le nôtre est beaucoup plus simple : il met le lecteur dans la position d'un visiteur de Philæ qui n'aurait aucune idée préconçue du temple égyptien. L'ordre des registres va donc de haut en bas ; seule la numérotation des lignes suppose connu le sens partiel des inscriptions. Les crochets [ ] n'indiquent pas qu'il y a restitution hypothétique, mais qu'il faut rétablir des phrases ou des membres de phrase déjà donnés aux numéros inscrits dans ces crochets.

NAOS (INTÉRIEUR)

CHAMBRE I

MUR SUD
(Planche 1)

PORTE. — 1° Encadrement formé d'un linteau et de deux montants.

§. Linteau. — Comprend une frise F, ⬬, F' et trois tableaux : I, II, III.

F. ⟵ [hiéroglyphes]. F' ⟶ id.

Tableau I : ⟶ [hiéroglyphes]

Tableau II : ⟵ [hiéroglyphes]

Tableau III : [hieroglyphs]

§. MONTANT DE GAUCHE : Inscription verticale (M 1) et cinq tableaux : IV, V, VI, VII, VIII.

M 1 : [hieroglyphs]

Tableau IV : [hieroglyphs] Tableau V : [hieroglyphs] Tableau VI : [hieroglyphs] Tableau VII : [hieroglyphs] Tableau VIII : [hieroglyphs]

§. MONTANT DE DROITE : Inscription verticale (M 1') et cinq tableaux : IV', V', VI', VII', VIII'.

M 1' : Même inscription qu'en M 1, sauf la variante du cartouche : [hieroglyphs].

Tableau IV' : [hieroglyphs] Tableau V' : [hieroglyphs] Tableau VI' : [hieroglyphs]

1. Les signes entre crochets sont en sens ⟶.

NAOS (INTÉRIEUR)

[hiéroglyphes] Tableau VII¹ : [hiéroglyphes], Tableau VIII¹ : [hiéroglyphes].

2° EMBRASURE. — Chaque paroi ornée de vingt rangées de [hiér.], à raison de six par rangées; le soffite décoré des deux vautours du Nord et du Sud.

§. PANNEAU DE L'EST : IX, X, XI, S.

Tableau IX : ← [hiéroglyphes] [la suite illisible]

→ [hiéroglyphes]

Tableau X : → Sous le [hiér.], [hiéroglyphes]

Tableau XI : ← [hiéroglyphes]

S (soubassement) : ← [hiéroglyphes]

1. Les noms géographiques doivent être rétablis sur le [hiér.].

[lacune de trois lignes : 16, 17, 18]

§. Panneau de l'Ouest : IX', X', XI', S'.

Tableau IX' :

Tableau X' : Sous le

Tableau XI' :

S' (soubassement) :

---

1. A Philæ, le reptile qui sert à écrire ce signe n'est pas le céraste, mais une vipère sans cornes. Cette observation faite, nous continuerons à nous servir du signe courant.

MUR EST

Il ne reste du mur Est que le montant de droite d'une petite porte s'ouvrant dans la chambre III.

Inscription de la feuillure : ←— [hieroglyphs]

MUR NORD
(Pl. II)

§. Linteau. — F : ←— [hieroglyphs]   F' = F (→).

Tableau I : →— Sous le ☉, [hieroglyphs] Tableau I' : ←— Sous le ☉, [hieroglyphs]

§. Montants : *Gauche,* II, III et IV.

Tableau II : →— Sous le ☉, [hieroglyphs] Tableau III :

---

1. [→].

Sous le ☉, [hieroglyphs] Tableau IV : ⟶ [hieroglyphs]

Droite, II′, III′, IV′.

Tableau II′ : ⟵ Sous le ☉, [hieroglyphs] Tableau III′ : ⟵ Sous le ☉, [hieroglyphs] Tableau IV′ : ⟵ Disque et cartouches : [hieroglyphs]

§. Feuillure de la porte (M) : ⟶ [hieroglyphs] (M′) : ⟵ [hieroglyphs]

§. Panneau de gauche : V, VI, VII, S.

Tableau V : ⟶ [hieroglyphs]

Tableau VI : ⟶ [hieroglyphs]

NAOS (INTÉRIEUR)

[hieroglyphs]

Tableau VII : [hieroglyphs]

S (soubassement)[1] : [hieroglyphs]

§. PANNEAU DE DROITE : V', VI', VII', S'.

Tableau V' : [hieroglyphs]

Tableau VI' : [hieroglyphs]

1. L'inscription du montant gauche de la porte est complètement mutilée.

Tableau VII' : [hieroglyphs]

S' (soubassement) : [hieroglyphs]

MUR OUEST
(Pl. III)

Tableau I : ⟶ Sous le [hieroglyphs]

Tableau II : ⟶ [hieroglyphs]

1. [⟶].

NAOS (INTÉRIEUR)

Tableau III : [hieroglyphs]

Tableau IV : [hieroglyphs]

Soubassement S (règne également sur le montant de la porte) : [hieroglyphs]

PORTE. — §. Linteau : [hieroglyphs]

F [←] [hieroglyphs]; F' id. [→] | et | [→] [hieroglyphs] | et | = | et | [←]

| et |[6] [→] [hieroglyphs] | et | = | et | [←]   [←] [hieroglyphs]

MONTANT (M) : ⇒ ¦¹, ¦², ¦ et ¦ (voir l'Appendice) [hieroglyphs]

§. FEUILLURE DE LA PORTE : A droite (m) : ⇒ [hieroglyphs] ; à gauche (m') : ⇐ [hieroglyphs]

CHAMBRE II

(Pl. IV)

MUR EST (α)

Une porte, un tableau.

PORTE. — §. Linteau : F [hieroglyphs] F' [hieroglyphs];

[hieroglyphs in two columns]

§. Montant (M) : [hieroglyphs]

§. Ébrasement (E reporté fig. ε). Le côté Nord se confond avec le mur Nord. — Côté Sud (deux registres) : [hieroglyphs] Cartouches du second registre : [cartouche] et [cartouche].

1. [⟶].

TABLEAU : [hieroglyphs]

MUR SUD (β)

Un tableau.

[hieroglyphs]

MUR OUEST (γ)

Un tableau, une porte.

TABLEAU : [hieroglyphs]

PORTE. — §. LINTEAU : [hieroglyphs]

1. [→].

NAOS (INTÉRIEUR)

§. MONTANTS (m) : *Gauche* ⟵ [hieroglyphs] *Droite* ⟶ [hieroglyphs]

§. FEUILLURE : *Gauche* ⟵ [hieroglyphs]

Droite ⟶ [hieroglyphs]

E (détaillé en ξ) : ⟶ [hieroglyphs] ⟵ [hieroglyphs]

MUR NORD (δ)

Frise, porte, panneau.

FRISE : ⟵ [hieroglyphs]

PORTE. — §. LINTEAU : Γ ⟶ [hieroglyphs] ⟵ [hieroglyphs] ⟶ [hieroglyphs]

1. Les cartouches sont en sens ⟶.
2. ♀ est commun, comme signe initial, aux légendes ⟵ et ⟶.

§. Montant (m):

§. Feuillure:

Panneau:

CHAMBRES III ET IV
(Pl. V)

Il ne reste de la chambre III que les murs Sud, Est et un fragment d'un linteau de la porte s'ouvrant dans le mur Ouest; il ne reste de la chambre IV que le mur Est et un fragment de porte s'ouvrant dans le mur Nord.

CHAMBRE III. — MUR SUD (A)

§. Un tableau : Sous le ...

MUR EST (B)

§. Un tableau :

[hiéroglyphes]

MUR OUEST (E)

§. Fragment d'un linteau de porte : [hiéroglyphes]

CHAMBRE IV. — MUR NORD

Fragment de porte consistant : 1° dans l'amorce du linteau : traces du disque ailé avec [hiéroglyphes]; puis, à droite, le roi, tête nue, obombré par le disque [hiér.] et dans l'attitude [hiér.]; 2° en un montant avec l'inscription : [hiéroglyphes]; 3° en une feuillure avec l'inscription : (D, m) [hiéroglyphes]

MUR EST (D)

Deux registres.

§. REGISTRE SUPÉRIEUR. — Un tableau : [hiéroglyphes]

§. REGISTRE INFÉRIEUR. — Un texte de douze lignes, très mutilé dans le milieu :

COUR

Manque le mur Sud contigu à la salle IV. Il n'en reste que les amorces dans lesquelles on distingue la paroi d'ébrasement de la porte F, ornée de rangées de [glyph].

MUR EST
(Pl. VI)

Cartouches de la frise : [cartouche] et [cartouche], alternativement.

Grand registre : ← [glyphs]. Au-dessus du [glyphs]. Au-dessous du [glyphs].

[hieroglyphs]

Soubassement : ← [hieroglyphs]

MUR NORD
(Pl. VII)

Cartouches de la frise : ⟦🔲⟧ et ⟦🔲⟧, alternativement.

Tableau I : ←

Tableau II : ←

Tableau III : ←

NAOS (INTÉRIEUR)

[Hieroglyphic text]

Tableau IV : [Hieroglyphic text]

Tableau V : [Hieroglyphic text]

Tableau VI : [Hieroglyphic text]

Tableau VII : [Hieroglyphic text]

PHILÆ : GRAND TEMPLE

Tableau VIII :

Tableau IX :

Soubassement :

MUR OUEST
(Pl. VIII)

Tableau I
Tableau II
Tableau III
Tableau IV

Tableau V : [hieroglyphs]

Tableau VI : [hieroglyphs]

Soubassement : S entièrement fruste; S' [hieroglyphs] [lacune de plusieurs lignes] [hieroglyphs]

CHAMBRE V

MUR SUD
(Pl. IX)

PORTE. — §. Linteau : F ⟵ [glyphs] F' ⟶ id.

Tableau I : ⟶ [glyphs] [glyphs] [glyphs] [glyphs] Tableau I' ⟵ [glyphs] [glyphs] [=I,|⟵ [glyphs] [glyphs] [glyphs] [glyphs]

§. Montants : *Gauche*. Tableau II : ⟵ [glyphs] ⟶ [glyphs] [glyphs] Tableau III : ⟵ [glyphs] ⟶ [glyphs] Tableau IV : ⟵ [glyphs] ⟶ [glyphs]. Les tableaux V et S sont frustes. — *Droite*. Tableau II' : ⟶ [glyphs] ⟵ [glyphs]

1. [⟵].

Tableau III' : [hieroglyphs] Tableau IV' : [hieroglyphs] Tableau V' : [hieroglyphs]

Soubassement S' [hieroglyphs]

M [hieroglyphs]

M' ← id.

MUR EST
(Pl. X)

Registre I : [hieroglyphs]

NAOS (INTÉRIEUR) 27

Registre II :

Registre III :

1. [⇒].

A partir de 2, gravure faite après coup sur une surface regrattée. Le style des hiéroglyphes est tout différent de celui des inscriptions de Philadelphe.

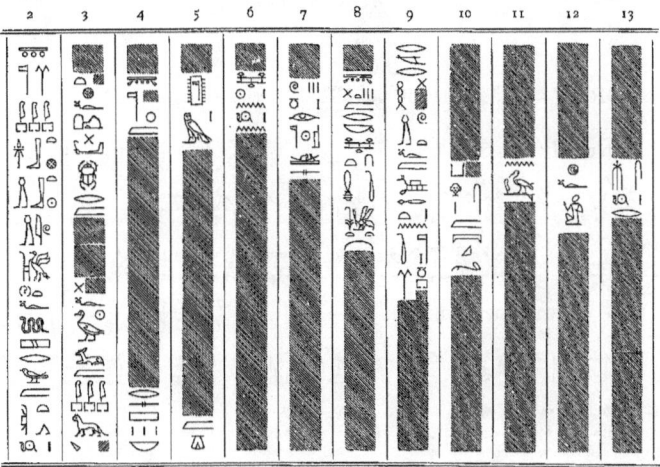

Puis, après une lacune de cinq colonnes environ, le texte reprend[1] :

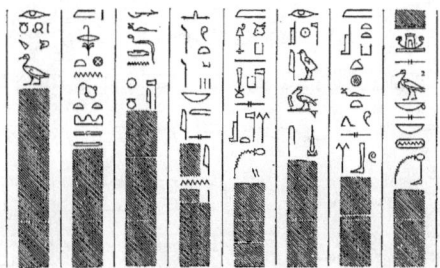

---

1. La partie inférieure de ces huit lignes étant toute en lacune, nous les avons écourtées pour la mise en page; elles ont en réalité la même hauteur que les précédentes.
2. Dans l'original, le ⟨image⟩ traverse le ⟨image⟩.

MUR NORD
(Pl. XI)

PORTE. — §. Linteau : F ⟵ [glyphs]; F' ⟶ id.

Tableau I : ⟶ Sous le [glyph], [glyphs]; [glyphs] [glyphs] [glyphs] Tableau I' :
Disque et cartouches comme en ⟦⟵⟧ [glyphs] ⟶ [glyphs]

§. Montants : *Gauche*. Tableau II : ⟶ Sous le [glyph], [glyphs]; [glyphs] Tableau III :
⟶ [glyphs] Tableau IV : ⟶ Sous le [glyph], [glyphs] *Droite*. Tableau II' :
⟵ [glyphs] Tableau III' : ⟵ [glyphs] Tableau IV', fruste.

1 et 2. ⟦⟶⟧.

NAOS (INTÉRIEUR)

§. Contre-montants : *Gauche* (m) [hieroglyphs] *Droite* (m') [hieroglyphs]. Toutes les légendes sont frustes, sauf [hieroglyphs] et [hieroglyphs]

Soubassement : *Gauche*, S [hieroglyphs] *Droite*, fruste.

Feuillure : *Gauche* (e) [hieroglyphs] *Droite* (e') [hieroglyphs]

MUR OUEST

(Pl. XII)

Registre I : [hieroglyphs]

1. [←⟵].
2. [⟶→].

PHILÆ : GRAND TEMPLE

Registre II : ⟶ Sous le ...

NAOS (INTÉRIEUR)

Registre III : →

Soubassement : →

PORTE. — §. LINTEAU : →

§. Montant :

§. Feuillure : *Gauche* (f) :

Droite (f) :

CHAMBRE VI

(Pl. XIII)

Les scènes qui la décoraient ont été presque entièrement mutilées. Voici ce qu'il en reste :

MUR EST (α)

Registre I. Entièrement fruste.

Registre II : Un tableau, une porte.

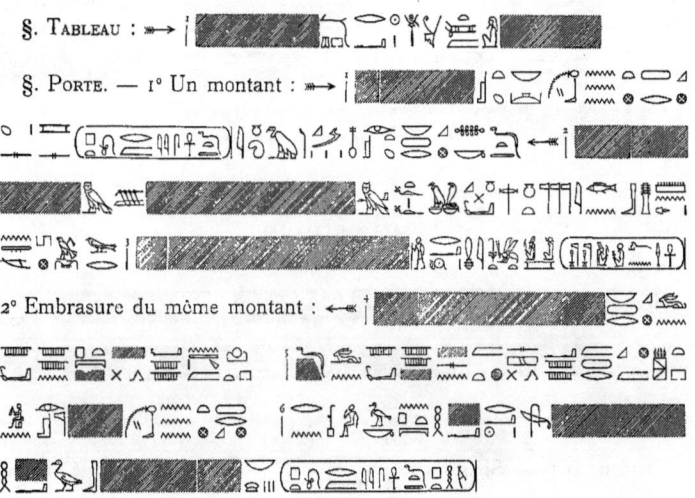

MUR NORD (β)

Registre I. Entièrement fruste.

Registre II : →

MUR OUEST (γ)

Registre I. Entièrement fruste.

Registre II : Deux tableaux.

Tableau I : →

Tableau II : →

MUR SUD (δ)

Registre I : →

Registre II : → Sous le

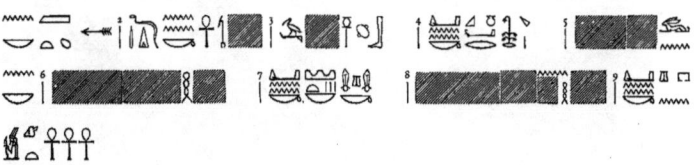

CHAMBRE VII

MUR SUD
(Planches XIV et XV)

PORTE. — §. Linteau : F ⟵ ; F' ⟶ id.   Tableau I : ⟶ [hiéroglyphes]

[hiéroglyphes sur plusieurs lignes]   Tableau I' : ⟵ [hiéroglyphes]

§. Montants : *Gauche* (M) ⟶ [hiéroglyphes]   *Droite* (M') ⟵ ¦ = M [¦]

¦ = M [¦] [hiéroglyphes]

PHILÆ : GRAND TEMPLE

PAROI α. — Tableau I : ⟵ Sous le 𓇳 𓌻 ; ⟵ [hieroglyphs]

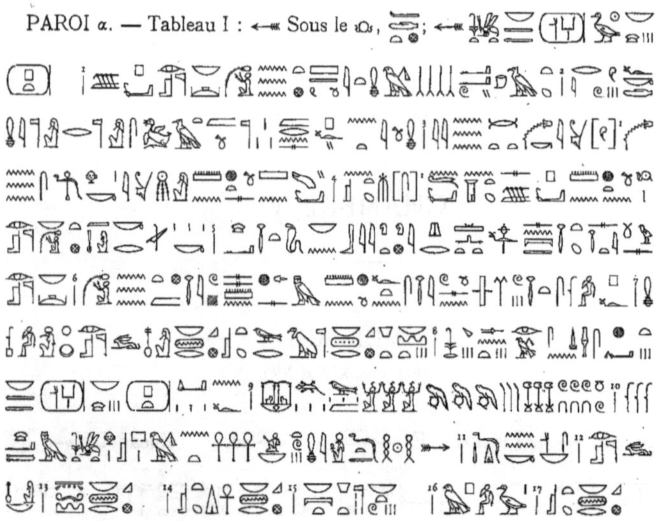

[hieroglyphic text - multiple lines]

Tableau II : ⟵ [hieroglyphs] sur le [hieroglyphs]

[hieroglyphic text - multiple lines]

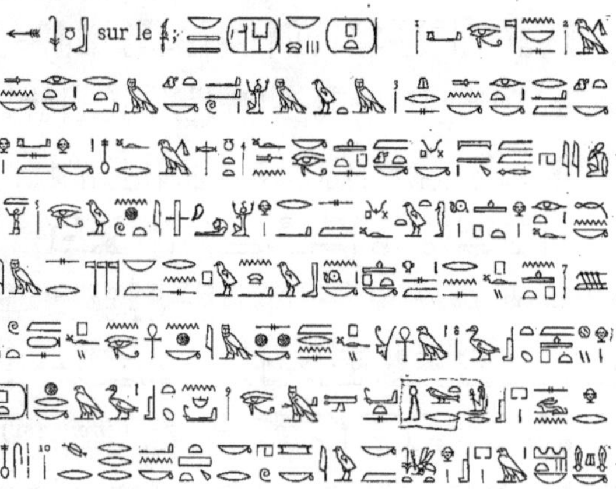

1. [⟶].

[handwritten annotations in margins, largely illegible]

Tableau III :

Soubassement (S) :

PAROI β. — Tableau Iᵉʳ :

Tableau IIᵉ :

Tableau III[1]:

Soubassement (S'):

1. [←✱].

MUR OUEST
(Pl. XVI)

Tableau I : ⟶ [hieroglyphs] ⟵ [hieroglyphs] Tableau II : ⟶ [hieroglyphs]; au-dessus du [hieroglyphs], [hieroglyphs]; au-dessous, [hieroglyphs] Tableau III : ⟶ [hieroglyphs] ⟵ [hieroglyphs] Tableau IV : ⟶ [hieroglyphs] ⟵ [hieroglyphs] Tableau V : [hieroglyphs] ⟵ [hieroglyphs] ⟶ [hieroglyphs] ⟵ [hieroglyphs] Tableau VI : ⟶ Sous le [hieroglyphs]; [hieroglyphs]

1 et 2. [⟵].

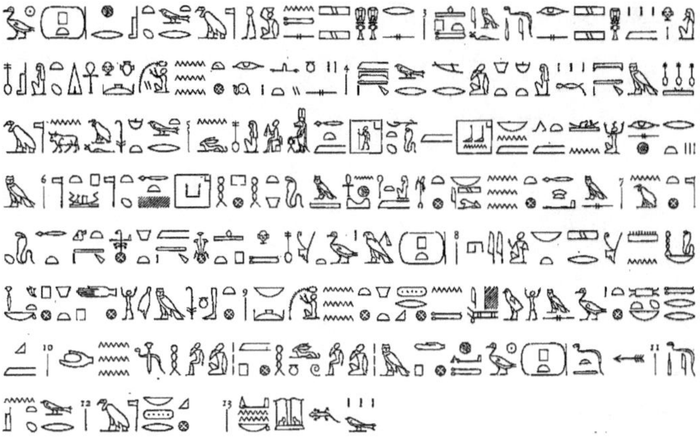

Soubassement (S) : → 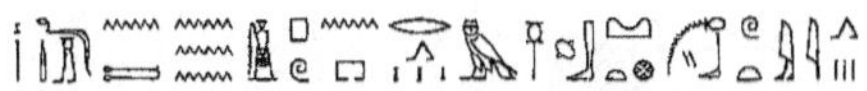

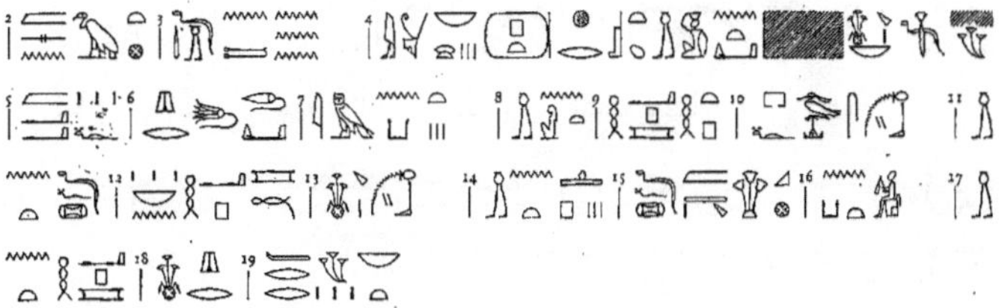

PORTE. — §. Linteau : ← F 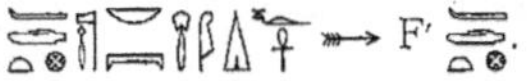

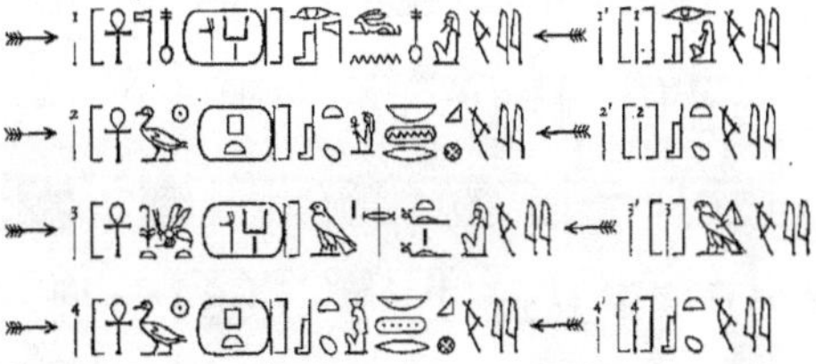

§. Montant (m) : ⟶ [hieroglyphs]

[hieroglyphs]

§. Feuillure : e ⟶ [hieroglyphs] e' ⟵ id.

MUR NORD
(Planches XVII, XVIII)

PORTE CENTRALE. — §. Linteau : F ⟵ [hieroglyphs] F' ⟶ id.

Tableau I : ⟶ [hieroglyphs] voir l'Appendice. Tableau I' : ⟵ [hieroglyphs] voir l'Appendice.

§. Montants. — Tableau II : ⟶ [hieroglyphs] Tableau III : ⟶ Sous le ☼, [hieroglyphs] Tableau IV : ⟶ [hieroglyphs]

Tableau II' : ⟵ Sous le ☼, [hieroglyphs] Tableau III' : ⟵ Sous le ☼, [hieroglyphs]

NAOS (INTÉRIEUR) 47

[hieroglyphs] Tableau VI : [hieroglyphs]

§. FEUILLURE : e [hieroglyphs] e' [hieroglyphs]

PAROI δ. — Tableau I : [hieroglyphs]

[hieroglyphs] Tableau II : Au-dessus du [hieroglyphs]

[hieroglyphs] Tableau III : Sous le [hieroglyph],

[hieroglyphs] Tableau IV : [hieroglyphs]

Soubassement (S) : [hieroglyphs]

1. [hieroglyph].
2. [hieroglyph].
3. Les deux inscriptions se terminent par [hieroglyph], présenté de telle sorte que les tiges de palmier règnent en bordure dans toute la hauteur du pied-droit pour se repeindre sous le [hieroglyph].

PORTE LATÉRALE. — §. Linteau :

§. Montants : m ← Inscription du vautour :

§. Feuillure : n ←

PAROI ε. — Tableau I' : ←   Tableau II' : ←   Tableau III' : ←

NAOS (INTÉRIEUR)

[hieroglyphs]

Tableau IV: [hieroglyphs]

[hieroglyphs]

Soubassement (S'): [hieroglyphs]

[hieroglyphs]

PORTE LATÉRALE. — §. Linteau : f [hieroglyphs] f [hieroglyphs]

[hieroglyphs]

[hieroglyphs]

[hieroglyphs]

[hieroglyphs]

§. Montants : m Inscription du vautour : [hieroglyphs]

[hieroglyphs]

m' [hieroglyphs]

Feuillure : n [hieroglyphs]

n' [n] [hieroglyphs]

1. [→].

MUR EST
(Pl. XIX)

Tableau I : ← [hieroglyphs] Tableau II : ← [hieroglyphs] Tableau III : ← [hieroglyphs]

Tableau IV : ← [hieroglyphs] Tableau V : ← [hieroglyphs]

1 et 2. [→].

NAOS (INTÉRIEUR)

Tableau VI :

Soubassement (S) :

PORTE. — §. LINTEAU :

§. Montants : m

§. Feuillure : e e' → id.

CHAMBRE VIII
(Pl. XX)

MUR EST (α)

PORTE. — §. Linteau : ⟶ F [hieroglyphs].

⟶ [hieroglyphs] ⟵ [hieroglyphs]

⟶ [hieroglyphs] ⟵ [hieroglyphs]

§. Montant (m) : ⟶ [hieroglyphs] ⟵ [hieroglyphs]

[hieroglyphs]

§. Ébrasement (ε) : ⟶ [hieroglyphs] ⟵ [hieroglyphs]

§. Feuillure (m et m'). Voir chambre VII, mur Ouest.

Tableau I : ⟶ Sous le [hieroglyph], [hieroglyphs] ⟵ [hieroglyphs]

[hieroglyphs] Tableau II : ⟶ [hieroglyphs]

[hieroglyphs]

1. [⟶].

MUR SUD (β)

Le tableau β sans autre inscription.

MUR OUEST (γ)

La frise (FF ←) donnée en dernier lieu.

Tableau I : ← Sous le ◯, △\\ (*sic*) [hieroglyphs]

Tableau II : ← Sous le ◯, [hieroglyphs]

Tableau III : ← [hieroglyphs]

MUR NORD (δ)

[hieroglyphs]

Frise : FF (γ) ← [hieroglyphs] (δ) [hieroglyphs]

1. Les hiéroglyphes de ces deux lignes sont gravés en creux.

CHAMBRE IX
(Pl. XXI)

Cartouches de la frise : [𓍹𓋹𓎛𓍺] et [𓍹𓊪𓍺], alternativement.

MUR EST (α)

➝ Sous le 𓇯, [hieroglyphs]

Soubassement : ➝ [hieroglyphs]

MUR NORD (β)

➝ [hieroglyphs]

Soubassement : [hieroglyphs]

MUR OUEST (γ)

Tableau : [hieroglyphs]

Soubassement : [hieroglyphs]

PORTE. — §. Linteau : [hieroglyphs]

§. Montant (m) : [hieroglyphs]

§. Ébrasement. — e : [hieroglyphs] e' : anépigraphe. Les deux inscriptions de la feuillure se rattachent à la salle VII (Est).

MUR SUD (δ)

Une porte dont l'encadrement est anépigraphe. Le pied-droit E, E' a été donné. (Voir Cour, mur Nord, Porte.)

1. [→].

CHAMBRE X

MUR SUD
(Pl. XXII α)

PORTE. — §. Linteau : F1 et F1', voir contre-montants. ⟶ F2 [glyphs] ⟵ F2' id.

Tableau I : [hieroglyphs...] Tableau II : [hieroglyphs...] Tableau I' : [hieroglyphs...] Tableau II' : [hieroglyphs...] *joie*

---

1. [⟶].

§. Montants. — Tableau III :

[hieroglyphs]

Tableau IV :

[hieroglyphs]

Tableau III' :

[hieroglyphs]

Tableau IV' :

[hieroglyphs]

§. Contre-montants (f). — m fait suite à F1, m' à F1'.

F1 [hieroglyphs] m

[hieroglyphs] F1'-m'

[F1-m] [hieroglyphs]

NAOS (INTÉRIEUR)

MUR EST
(Pl. XXIII)

Tableau I :

Tableau II :

Tableau III :

Tableau IV : Sous le ☾,

Tableau V :

Tableau VI : ← Sous le [hieroglyph],

Tableau VII : ←

Tableau VIII : ←

Tableau IX : ←

1. [𓂀→].

MUR NORD
(Pl. XXII β)

Tableau I :

Tableau I' :

Tableau II : ← Au-dessus du

PHILÆ : GRAND TEMPLE

[hieroglyphic text]

Tableau II' : ⇢ Au-dessus du

[hieroglyphic text]

Tableau III : ⇠ [hieroglyphic text]

NAOS (INTÉRIEUR)

[hieroglyphic text]

Tableau III : → [hieroglyphic text]

[hieroglyphic text]

Soubassement : S ← [hieroglyphic text] S' → id.
avec la variante [hieroglyphic text]

MUR OUEST
(Pl. XXIV)

Tableau I : → [hieroglyphic text]

Tableau II : → [hieroglyphic text]

Tableau III : —

Tableau IV : — Sous le

Tableau V : — Inscription du vautour :

Tableau VI : —

Tableau VII : [hieroglyphs]

Tableau VIII : [hieroglyphs]

Tableau IX : [hieroglyphs]

CHAMBRE XI
(Pl. XXV)

MUR SUD (α)

PORTE. — §. Linteau :

§. Montants :

Tableau :

MUR OUEST (β)

Tableau I : [hieroglyphs] Tableau II : [hieroglyphs] Inscription du [hieroglyphs] Tableau III : Sous le ☉, [hieroglyphs]

MUR NORD (γ)

Sous le ☉, [hieroglyphs]

MUR EST (δ)

Tableau I : Sous le ☉, [hieroglyphs]

1. [⇾].

NAOS (INTÉRIEUR)

[𓈖𓏤𓅆𓀭] 𓂻 ... ... Tableau II :

... ... Nom de l'épervier volant : ... ...

... ...

... Tableau III : ← Sous le ... , ...

... ...

1-2. [⇒].

CHAMBRE XII
(Pl. XXVI)

MUR SUD (α)

PORTE. — §. Linteau : ←← F [hieroglyphs] →→ F' id.

→ [hieroglyphs] ← [hieroglyphs]

→ [hieroglyphs] ← [hieroglyphs]

→ [hieroglyphs] ← [hieroglyphs]

§. Montants : ←← m 2 [hieroglyphs] → m 3 [hieroglyphs] m 2' comme m 2 pour les parties entre [ ]. Variantes : [hieroglyphs], puis après le nom de famille : [hieroglyphs] ←← m 3' [hieroglyphs]

§. Contre-montants : →→ m 1 [hieroglyphs] ←← m 1' = m 1.

MUR EST (β)

Tableau I : ←← Sur le [hieroglyphs] →→ [hieroglyphs]

1. [→→].

Tableau II : ← Sous le ☉, [hieroglyphs]

MUR OUEST (δ)

Tableau I : → [hieroglyphs] Tableau II :

→ Sous le ☉, [hieroglyphs] Tableau III : → Au-dessus du [hieroglyphs]

MUR NORD (γ)

→ Sous le ☉, [hieroglyphs]

1. [→].

FIN DE L'INTÉRIEUR DU NAOS

CHALON-SUR-SAÔNE, IMP. FRANÇAISE ET ORIENTALE DE L. MARCEAU.

NAOS (EXTÉRIEUR)

MUR EST
(Pl. XXVII, XXVIII et XXIX)

§. Cartouches de la corniche : 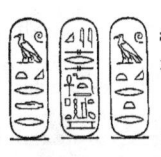 alternant régulièrement.

Abréviation :

§. Frise supérieure (F. S.) :

§. Registre supérieur. — Tableau I :

PHILÆ : GRAND TEMPLE

Tableau II :

Tableau III :

Tableau IV :

NAOS (EXTÉRIEUR)

Tableau V :

Tableau VI :

1. Le groupe entre [ ] = (?).

Tableau VII :

Tableau VIII :

Tableau IX :

Tableau X : [hieroglyphs]

Tableau XI : [hieroglyphs]

§. Registre intermédiaire. — Tableau I :

Tableau II :

Tableau III :

1. L'original porte ⲋⲓ.

Tableau IV :

Tableau V :

Tableau VI :

… PHILÆ : GRAND TEMPLE

Tableau VII :

Tableau VIII :

Tableau IX :

Tableau X :

Tableau XI :

§. Registre inférieur. — Tableau I :

Tableau II :

NAOS (EXTÉRIEUR)

[hieroglyphic text]

Tableau III : [hieroglyphic text]

Tableau IV : [hieroglyphic text]

Tableau V :

Tableau VI :

NAOS (EXTÉRIEUR)

Tableau VII :

Tableau IX : [hieroglyphs]

Tableau X : [hieroglyphs]

1. Ligne placée sous le bras de la déesse.

NAOS (EXTÉRIEUR)

FRISE INFÉRIEURE (F. I.) :

SOUBASSEMENT. — Tableau I :

Tableau II :

Tableau III :

Tableau IV :

NAOS (EXTÉRIEUR)

Tableau V: [hieroglyphs] — Apollinopoliti

Tableau VI: [hieroglyphs] — Latopoliti

Tableau VII: [hieroglyphs] — Phathyrite

Tableau VIII: [hieroglyphs] — Coptiti

PHILÆ : GRAND TEMPLE

Tableau IX :

Tableau X :

Tableau XI :

Tableau XII :

NAOS (EXTÉRIEUR)

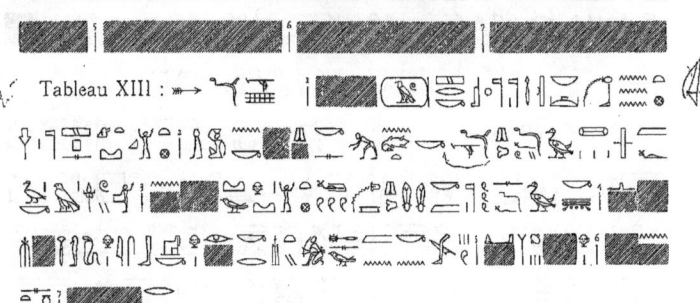

PHILÆ : GRAND TEMPLE

[hieroglyphic text]

Tableau XVII : [hieroglyphic text]

Tableau XVIII : [hieroglyphic text]

Tableau XIX : [hieroglyphic text]

NAOS (EXTÉRIEUR)

Tableau XX : [hieroglyphs]

Tableau XXI : [hieroglyphs]

Tableau XXII : [hieroglyphs]

Tableau XXIII : [hieroglyphs]

Tableau XXIV : [hieroglyphs]

MUR NORD
(Pl. XXX et XXXI)

§. Cartouches de la corniche : 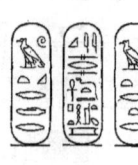 alternant régulièrement.

Abréviations : [cartouche] [cartouche]

I. — Travée Est

§. Frise supérieure (F. S.) : [hieroglyphs]

§. Registre supérieur. — Tableau I :

Tableau II :

Tableau III :

§. Registre principal. — Tableau I :

[hieroglyphic text]

Tableau II :

[hieroglyphic text]

§. Frise inférieure :

§. Soubassement :

Le reste est fruste.

II. — TRAVÉE OUEST

§. Frise supérieure (F. S.) :

§. Registre supérieur. — Tableau I[1] :

Tableau II[1] :

1. Cette ligne est à placer à côté du personnage.

Tableau III:

§. Registre principal. — Tableau I:

Tableau II : ... Sous le vautour : ...

NAOS (EXTÉRIEUR)

[hieroglyphic text]

§. Frise inférieure (F. l.) : [hieroglyphic text]

§. Soubassement : [hieroglyphic text]

MUR OUEST

(Pl. XXXII; XXXIII et XXXIV)

§. Cartouches de la corniche : ⟵ [cartouches] alternant régulièrement.

Abréviations : [cartouche] [cartouche]

§. Frise supérieure (F. S.) : ⟵ [hieroglyphs]

§. Registre supérieur. — Tableau I : ⟵ [hieroglyphs]

NAOS (EXTÉRIEUR)

[Hieroglyphic text - 6 lines]

Tableau II : ← [Hieroglyphic text - multiple lines]

Tableau III : ← [Hieroglyphic text - partially damaged]

Tableau IV : ← [Hieroglyphic text - multiple lines]

PHILÆ : GRAND TEMPLE

[hieroglyphs]

Tableau V : [hieroglyphs]

Tableau VI : [hieroglyphs]

Tableau VII : [hieroglyphs]

Tableau VIII :

Tableau IX :

Tableau X :

Tableau XI : [hieroglyphs]

§. Registre intermédiaire. — Tableau I : [hieroglyphs]

Tableau II : [hieroglyphs]

Tableau III : [hieroglyphs]

NAOS (EXTÉRIEUR)

[hieroglyphs]

Tableau IV : [hieroglyphs]

Tableau V : [hieroglyphs]

Tableau VI :

Tableau VII :

Tableau VIII :

NAOS (EXTÉRIEUR)

Tableau IX :

Tableau X :

§. Registre inférieur. — Tableau I :

PHILÆ : GRAND TEMPLE

Tableau II :

Tableau III :

Tableau IV :

NAOS (EXTÉRIEUR)

Tableau V :

Tableau VI :

Tableau VII :

PHILÆ : GRAND TEMPLE

Tableau VIII :

§. Frise inférieure (F. I.) :

§. Soubassement. — Tableau I :

Tableau II :

Tableau III :

PHILÆ : GRAND TEMPLE

[hieroglyphs]

Tableau IV : ⟵ [hieroglyphs] *Memph.*

[hieroglyphs]

Tableau V : ⟵ [hieroglyphs] *Letopl.*

[hieroglyphs]

Tableau VI : ⟵ [hieroglyphs] *Lybien*

[hieroglyphs]

Tableau VII : ⟵ [hieroglyphs] *Rosopo*

NAOS (EXTÉRIEUR)

[hieroglyphic text]

Saïte

Tableau VIII : [hieroglyphic text]

Xoïte

Tableau IX : [hieroglyphic text]

Métélite

Tableau X : [hieroglyphic text]

PHILÆ : GRAND TEMPLE

[hieroglyphs]

Tableau XI : ← [hieroglyphs] *Heroopol*

[hieroglyphs]

Tableau XII : ← [hieroglyphs] *Busiris*

[hieroglyphs]

Tableau XIII : ← [hieroglyphs] *Khubetu(?)*

[hieroglyphs]

NAOS (EXTÉRIEUR)

Tableau XIV : [hieroglyphs] *Pharbaethite*

Tableau XV : [hieroglyphs] *Sebennyte*

Tableau XVI : [hieroglyphs] *Héliopolite*

Tableau XVII : [hieroglyphs] *Tanite*

[hieroglyphs]

PORTE. — §. Encadrement : Anépigraphe. — Au-dessus de la corniche :

[hieroglyphs]

Sur les côtés de la corniche : [hieroglyphs]

TERRASSE DU NAOS

I. — VESTIBULE DE LA CHAMBRE D'OSIRIS

MUR NORD
(Pl. XXXV)

§. Frise supérieure (F. S.) : [hieroglyphs]

§. Tableau : [hieroglyphs]

1. Ces deux lignes sont placées au-dessus de la scène centrale du tableau.

MUR EST
(Pl. XXXVI)

§. Frise supérieure (F. S.) : [hieroglyphs]

§. Tableaux. — Tableau I : [hieroglyphs]

Tableau II : [hieroglyphs]

MUR OUEST
(Pl. XXXVIII)

§. Frise supérieure (F. S.) : [hieroglyphs]

NAOS (TERRASSE)

§. TABLEAUX. — Tableau I :

Tableau II :

Au-dessus du tableau :

NICHE. — §. LINTEAU : F

§. MONTANTS (M) :

MUR SUD
(Pl. XXXVII)

§. Tableaux. — Tableau I :

Tableau II :

Porte. — §. Linteau : F

§. Montants :

§. Feuillure de la porte :

II. — CHAMBRE D'OSIRIS

MUR EST
(Pl. XXXIX)

§. REGISTRE SUPÉRIEUR :

§. REGISTRE INFÉRIEUR :

§. Frise inférieure (F. I.) :

MUR SUD
(Pl. XL)

§. Registre supérieur :

§. Registre intermédiaire :

NAOS (TERRASSE)

Devant le lion marchant sur le pylône ⟶ :

§. Registre inférieur : ⟶

MUR OUEST

(Pl. XLI)

§. Registre supérieur : ⟵

§. Registre inférieur :

§. Frise inférieure (F. I.) :

MUR NORD
(Pl. XLII)

§. Registre supérieur :

§. Registre intermédiaire :

§. Registre inférieur : Dans le naos, à droite de l'arbre : ; à gauche :

§. Frise inférieure (F. I.) :

PRONAOS

I. — CORNICHES ET PLAFONDS

COUR

FACE NORD
(Pl. XLIII et XLIV)

§. Corniche. — Cartouches de la corniche : alternant régulièrement.

Abréviations :

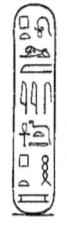

Légende du disque : d

d'

§. Entablement. — Tableau central :

Tableau ouest (o) :

Litanie (o) :

Tableau est (e) :

Litanie (e) :

Soffite de l'architrave *nn'* (PL. XLV, *fig. 3*) :

a : *a'* :

FACE OUEST
(PL. XLV, *fig. 1*)

FACE EST
(Pl. XLV, *fig. 2*)

INTÉRIEUR

PLAFOND CENTRAL
(Pl. XLVI)

PLAFOND I
(Pl. XLVII)

PLAFOND II
(Pl. XLVIII)

1. ←

PLAFOND I'
(Pl. XLIX)

PLAFOND II'
(Pl. L)

anépigraphe

PRONAOS (INTÉRIEUR)

[hieroglyphs]

II. — ARCHITRAVES

Les scènes et légendes des architraves se rapportent en grande partie à des textes relatifs au rituel de la veillée d'Osiris. Elles sont divisées en deux séries : l'une comprenant les douze heures du jour (travée de l'ouest), l'autre les douze heures de la nuit (travée de l'est). Nous subordonnerons nécessairement ici la disposition architecturale à l'ordre logique des tableaux [1].

§. Heures du jour. — Ire heure (*lm 2*. — Pl. li, *fig. 1*) : [hieroglyphs]

IIe heure (*kn 1*. — Pl. li, *fig. 2*) : [hieroglyphs]

---

[1]. Les faces latérales des architraves seront ainsi désignées : *gh, ij, kl, mn*, etc., et les soffites des mêmes architraves, divisés en deux segments par les colonnes, de la façon suivante : *hi 3, gj 3*, etc.

IIIᵉ heure (*hi 3*. — Pl. li, *fig. 3*) :

IVᵉ heure (*gj 4*. — Pl. lii, *fig. 1*) :

Vᵉ heure (*jk 1*. — Pl. lii, *fig. 2*) :

VIᵉ heure (*fg 4*. — Pl. lii, *fig. 3*) :

VIIᵉ heure (*da 4*. — Pl. liii, *fig. 1*) :

[hieroglyphs]

VIIIe heure (cb 5. — PL. LII, fig. 2) : [hieroglyphs]

IXe heure (ed. — PL. LII, fig. 3) : [hieroglyphs]

X^e heure (dc. — PL. LIV, fig. 1) : [hieroglyphs]

XIe heure (dc. — PL. LIV, fig. 2) : [hieroglyphs]

XIIe heure (dc. — PL. LIV, fig. 3) : [hieroglyphs]

§. Heures de la nuit. — Ire heure (*m'l' 2'*. — Pl. lv, *fig. 1*) :

IIe heure (*n'k' 1'*. — Pl. lv, *fig. 2*) :

IIIe heure (*i'h' 3'*. — Pl. lv, *fig. 3*) :

IVe heure (*j'g' 4'*. — Pl. lvi, *fig. 1*) :

Vᵉ heure (*j'a' 1'*. — Pl. lvi, *fig. 2*) :

VIᵉ heure (*f'e' 4'*. — Pl. lvi, *fig. 3*) :

VIIᵉ heure (*a'd' 5'*. — Pl. lvii, *fig. 1*) :

VIIIᵉ heure (*b'c' 5'*. — Pl. lvii, *fig. 2*) :

IXᵉ heure (*d'e'*. — Pl. lvii, *fig. 3*) : [hieroglyphs]

Xᵉ heure (*d'c'*. — Pl. lviii, *fig. 1*) : [hieroglyphs]

XIᵉ heure (*d'c'*. — Pl. lviii, *fig. 2*) : [hieroglyphs]

XIIᵉ heure (*d'c'*. — Pl. lviii, *fig. 3*) : [hieroglyphs]

§. Travée centrale. — Paroi latérale de l'architrave nord (*mm'*. — Pl. lix,

PRONAOS (INTÉRIEUR)   143

fig. 1). — Frise (F.) :

Tableau principal :

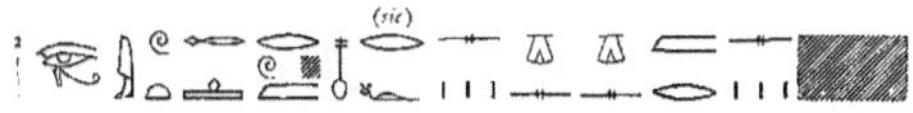

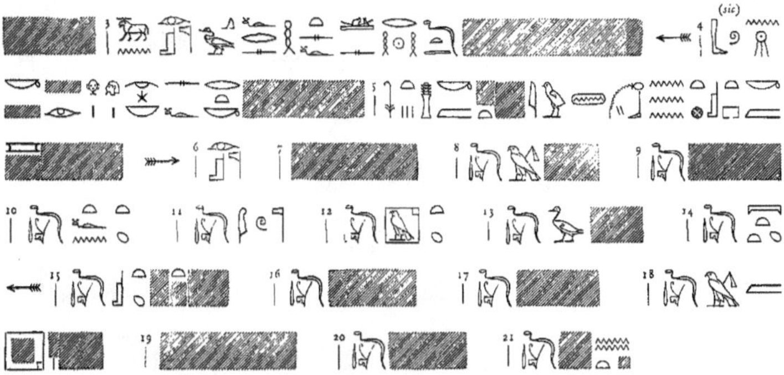

Paroi latérale de l'architrave sud (*nn'*. — Pl. lix, *fig. 2*). — Frise (F.) :

Tableau principal :

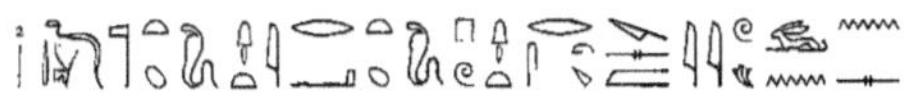

§. Travée ouest : Plafond I. — Paroi latérale de l'architrave sud (*kj*. — Pl. lx, *fig. 1*). — Frise (F.) :

Registre principal. — Tableau I :

Tableau II :

non gravé.

Paroi latérale de l'architrave nord (*li*. — Pl. lx, *fig. 2*). — Frise (F.) :

Tableau principal : |¹|²|³|⁴| = *anépigraphe.*

Plafond II. — Paroi latérale de l'architrave sud (*gf*. — Pl. lx, *fig. 3*). — Frise (F.) :

Registre principal. — Tableau I :

Tableau I' : *non gravé* *non gravé* *anépigraphe*

Paroi latérale de l'architrave nord (*yh*. — Pl. lx, *fig. 4*). — Frise (F.) :

[hieroglyphs]

Tableau principal : [hieroglyphs] | *anépigraphe* [hieroglyphs]

[hieroglyphs] = *anépigraphe*.

§. Travée est : Plafond Ier. — Paroi latérale de l'architrave sud (*kj*. — Pl. lxi, *fig. 1*) : N'a pas été décorée.

Paroi latérale de l'architrave nord (*l'i*. — Pl. lxi, *fig. 2*). — Frise (F.) :

[hieroglyphs]

Tableau principal : [hieroglyphs]

[hieroglyphs]

Plafond IIe. — Paroi latérale de l'architrave sud (*gf*. — Pl. lxi, *fig. 3*). — Frise (F.) : [hieroglyphs]

Registre principal. — Tableau I : [hieroglyphs]

Paroi latérale de l'architrave nord (*h'y'*. — Pl. lxi, *fig. 4*). — Frise (F.) :

Registre principal. — Tableau I :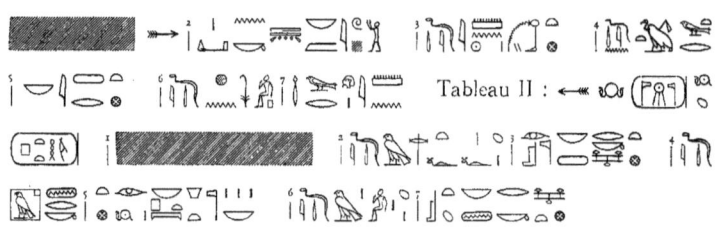

Tableau II :

§. Travée ouest : Parois latérales de l'architrave *klmn*. — Face est (*nm*. — Pl. lxii, *fig. 1*). — Frise (F.) :

Registre principal. — Tableau I :

PRONAOS (INTÉRIEUR)

Tableau II :

Tableau III :

Tableau IV :

Tableau V :

Tableau VI :

Tableau VII :

Tableau VIII :

Tableau IX :

Face ouest (*kl*. — Pl. lxii, *fig. 2*). — Frise (F.) :

Registre principal. — Tableau I :

Tableau II : ⟶ ¦¦ = *anépigraphe*.

Tableau III :

Tableau IV : ¦¦' = *anépigraphe*.

Tableau V : →

Tableau VI : ¦¦' = *anépigraphe*.

Tableau VII : →

Tableau VIII : ¦¦' = *anépigraphe*.

Tableau IX : →

Parois latérales de l'architrave *ghij*. — Face est (*ji*. — Pl. lxiii, *fig. 1*).

— Frise (F.) : →

REGISTRE PRINCIPAL. — Tableau I :

Tableau II :

Tableau III :

Tableau IV : $||'$ = *anépigraphe*.

Tableau V :

Tableau VI : $||'$ = *anépigraphe*.

Tableau VII :

Tableau VIII : || = *anépigraphe*.

Tableau IX : ←— [hieroglyphs]

FACE OUEST (*gh*. — PL. LXIII, *fig. 2*). — FRISE (F.) : ⟶ [hieroglyphs]

REGISTRE PRINCIPAL. — Tableau I : ⟶ [hieroglyphs]

Tableau II : ||| = *anépigraphe*.

Tableau III : ⟶ [hieroglyphs]

Tableau IV : || = *anépigraphe*.

Tableau V : ⟶ [hieroglyphs]

Tableau VI : ¦¦' = *anépigraphe*.

Tableau VII :

Tableau VIII : ¦¦' = *anépigraphe*.

Tableau IX :

§. Travée est : Parois latérales de l'architrave *k'l'm'n'*. — Face ouest (*m'n'*. — Pl. lxiv, *fig. 1*). — Frise (F.) :

Registre principal. — Tableau I :

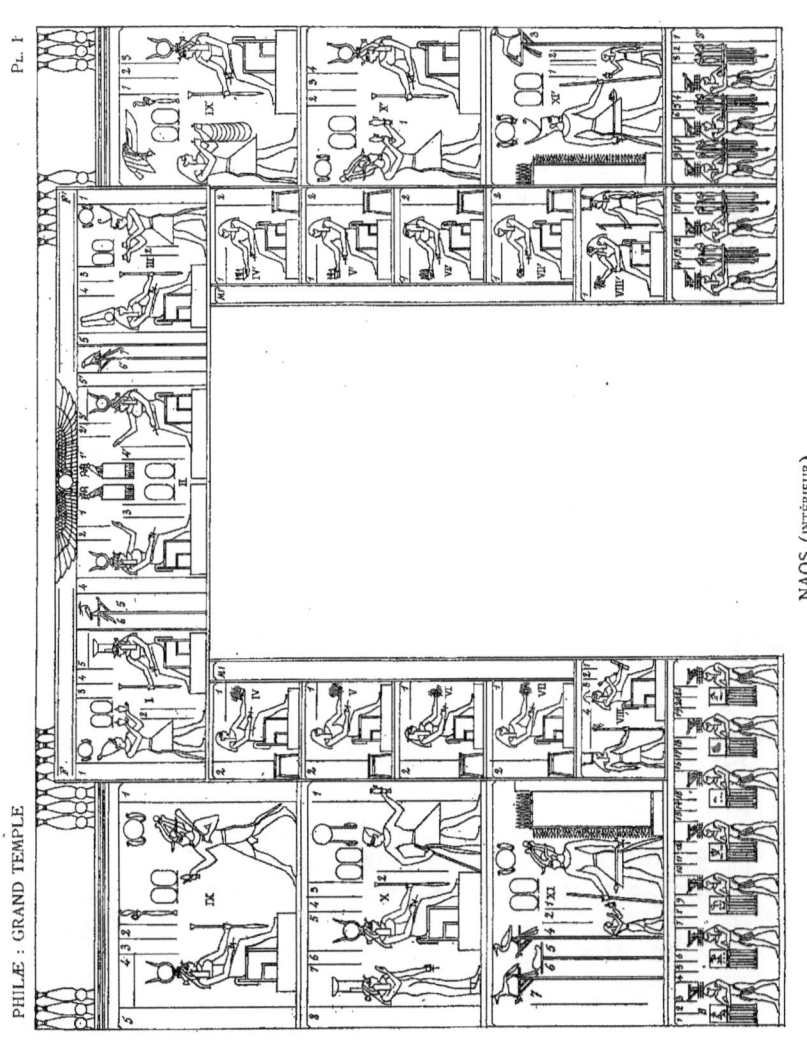

NAOS (INTÉRIEUR)

Chambre I. — *Mur Nord.*

PHILÆ : GRAND TEMPLE   PL. III

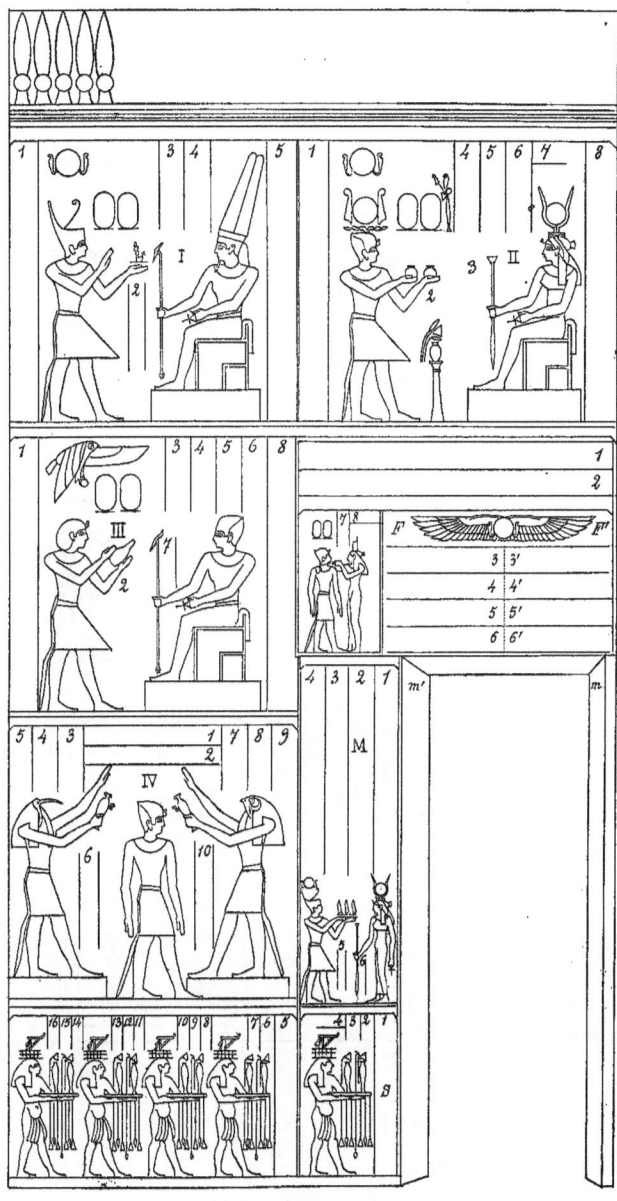

NAOS (INTÉRIEUR)
Chambre I. — *Mur Ouest.*

PHILÆ : GRAND TEMPLE   Pl. IV

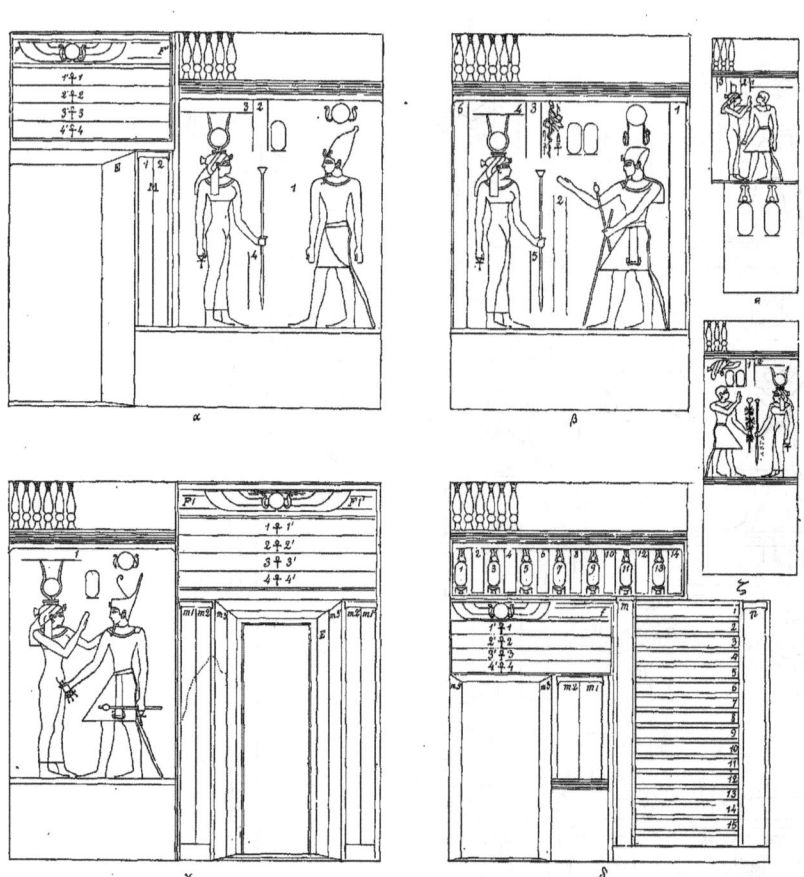

NAOS (INTÉRIEUR)

Chambre II

α, mur Est; β, mur Sud; γ, mur Ouest; δ, mur Nord; ε, paroi d'embrasure (E) de la porte α;
ζ, paroi d'embrasure (E) de la porte γ.

PHILÆ : GRAND TEMPLE

Pl. V

NAOS (INTÉRIEUR)
CHAMBRES III ET IV

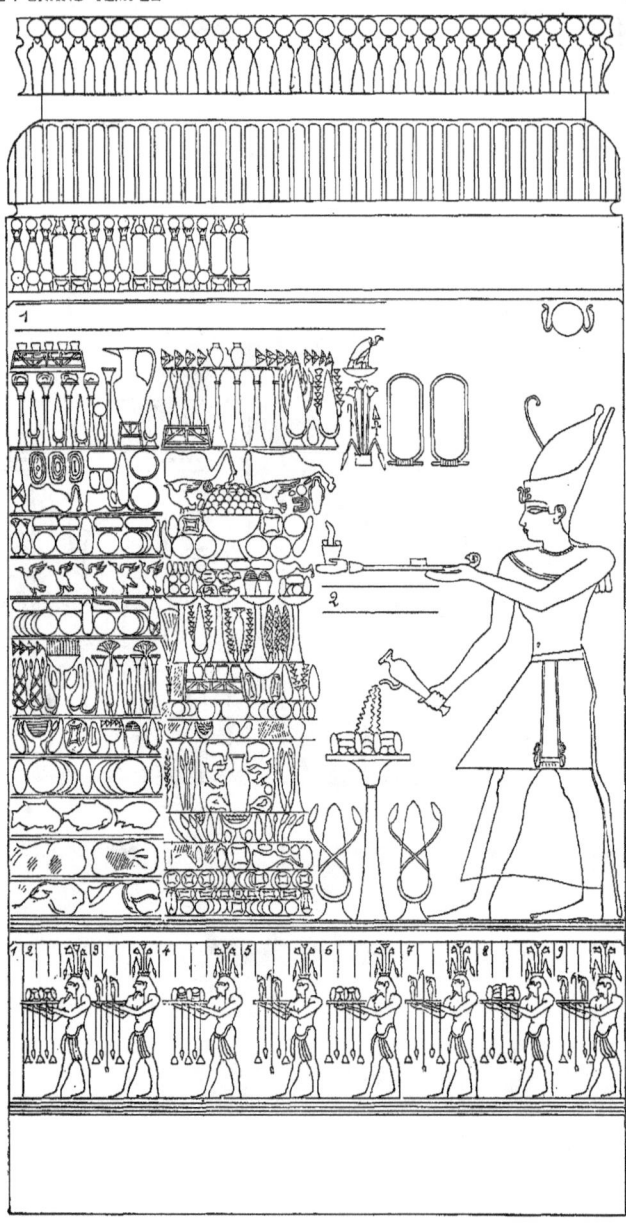

NAOS (INTÉRIEUR)
Cour. — Mur Est.

NAOS (INTÉRIEUR)

Cour. — *Mur Nord*.

NAOS (INTÉRIEUR)

Cour. — Mur Ouest.

PHILÆ : GRAND TEMPLE PL. IX

NAOS (INTÉRIEUR)
Chambre V. — *Mur Sud.*

PHILÆ : GRAND TEMPLE

Pl. X

NAOS (INTÉRIEUR)

Chambre V. — *Mur Est.*

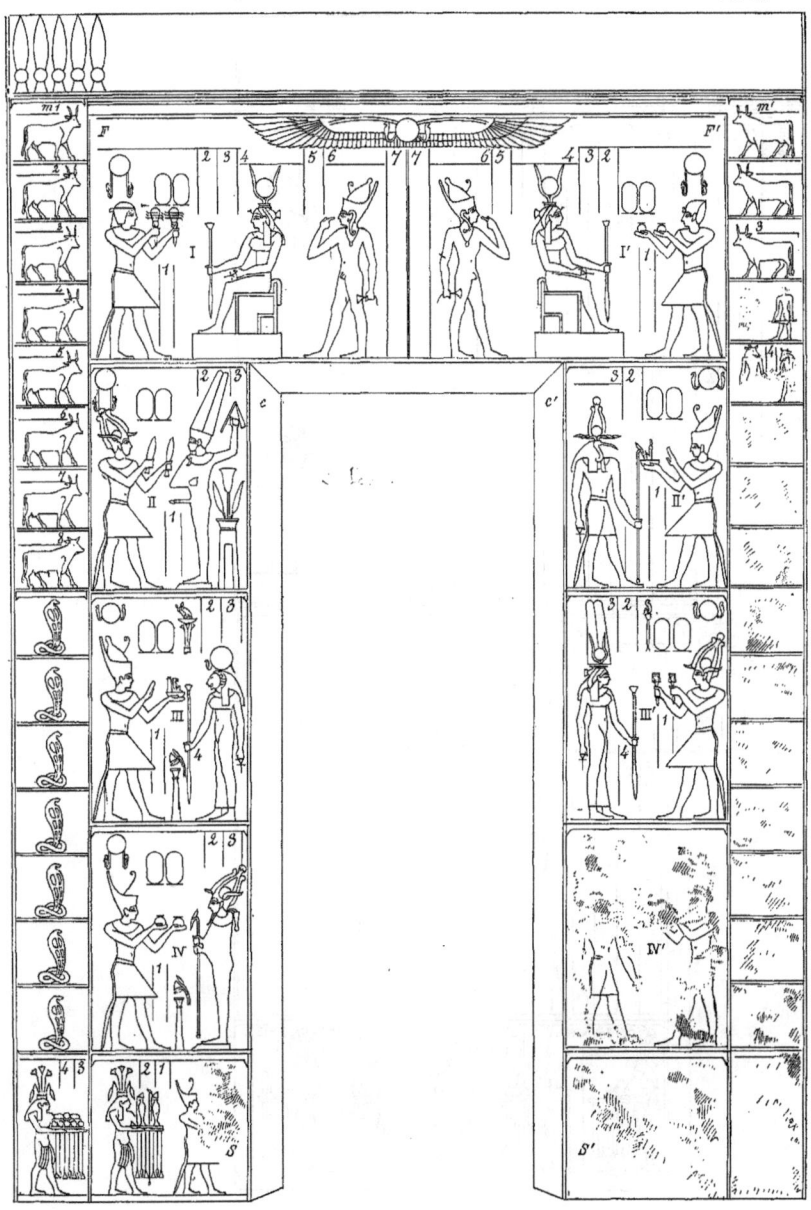

NAOS (INTÉRIEUR)
Chambre V. — *Mur Nord.*

PHILÆ : GRAND TEMPLE   Pl. XII

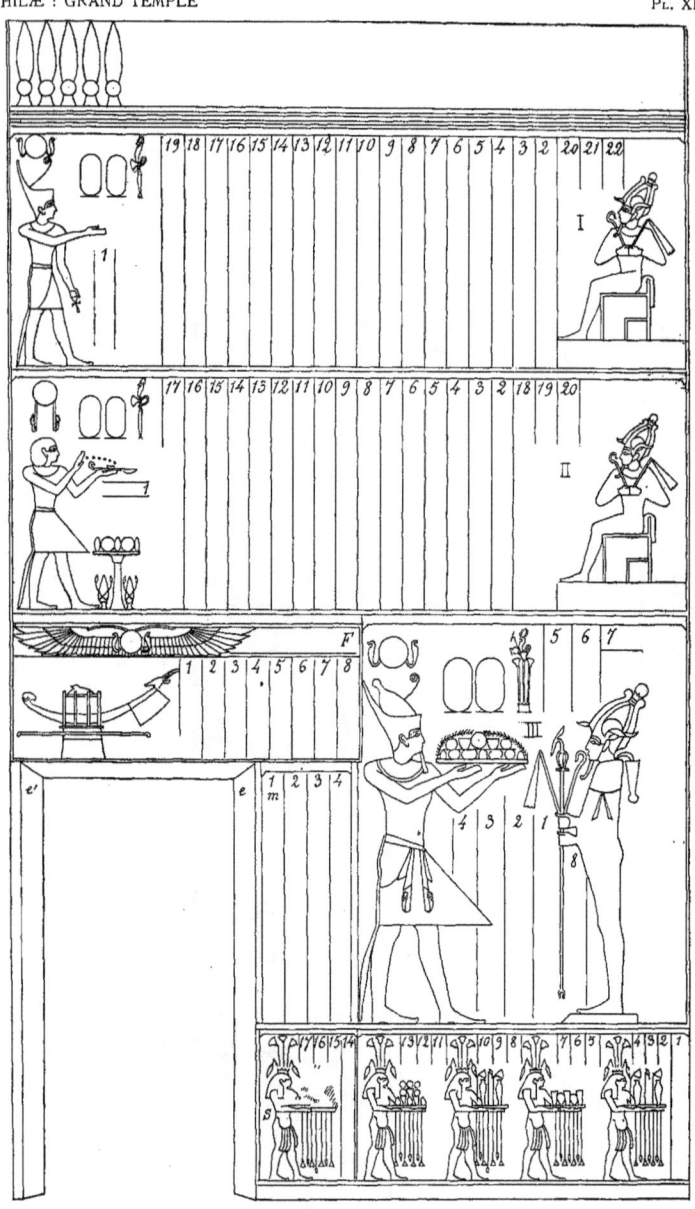

NAOS (INTÉRIEUR)
Chambre V. — *Mur Ouest.*

NAOS (INTÉRIEUR)

CHAMBRE VI

α, mur Est; β, mur Nord; γ, mur Ouest; δ, mur Sud.

NAOS (INTÉRIEUR)
Chambre VII. — Mur Sud.

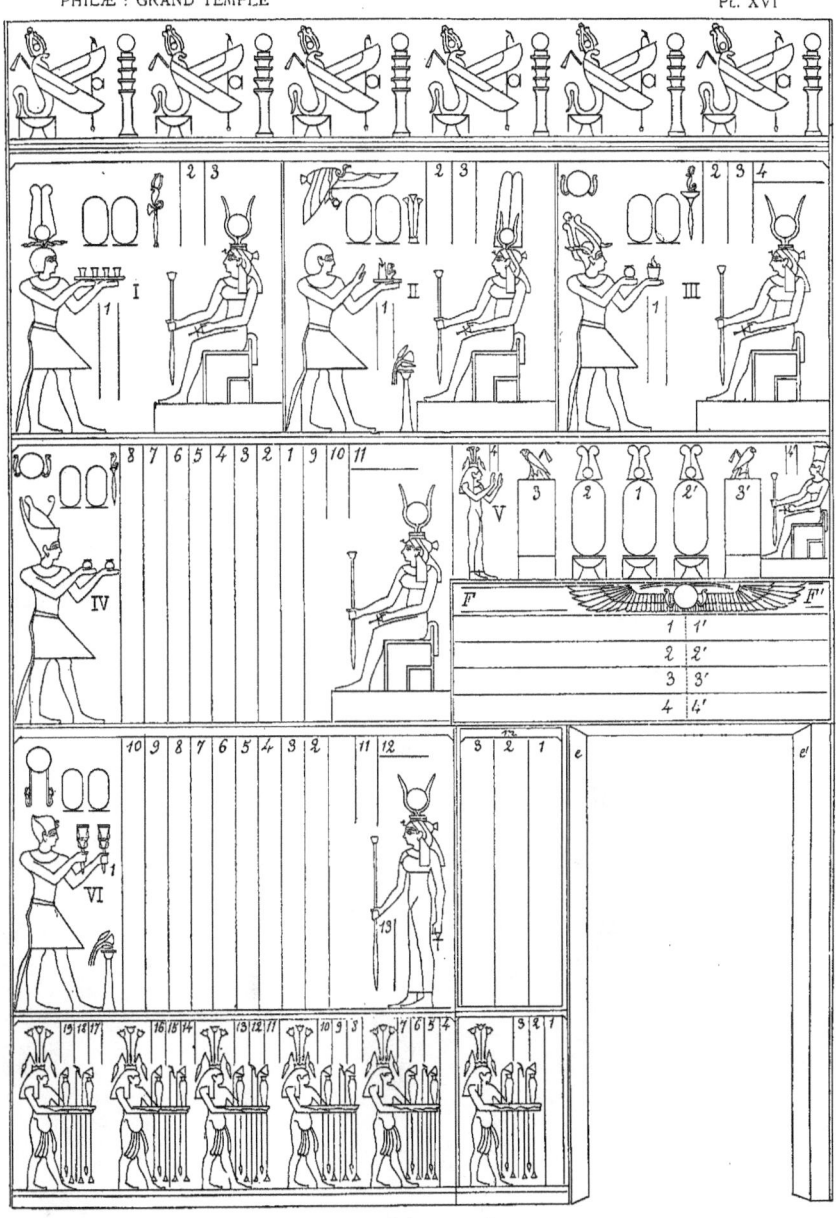

NAOS (INTÉRIEUR)

Chambre VII. — *Mur Ouest.*

PHILÆ : GRAND TEMPLE   PL. XIX

NAOS (INTÉRIEUR)
CHAMBRE VII. — *Mur Est.*

PHILÆ : GRAND TEMPLE PL. XX

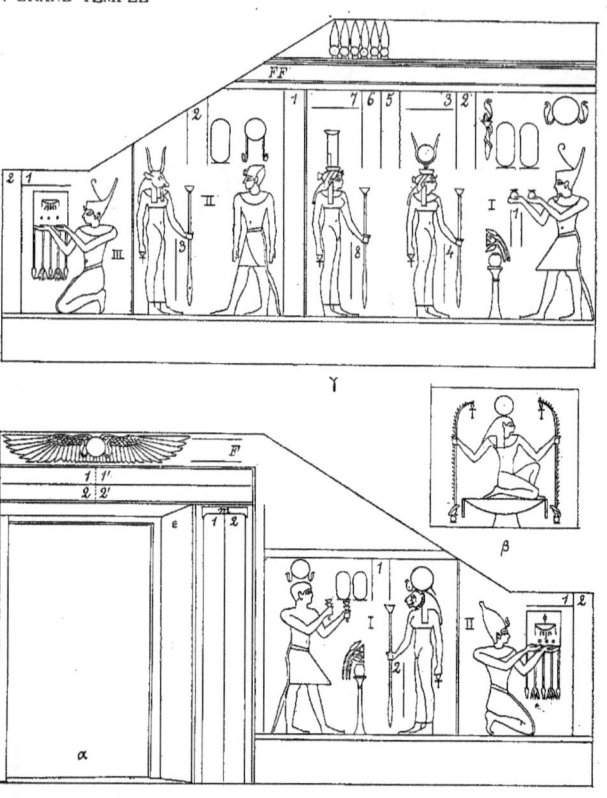

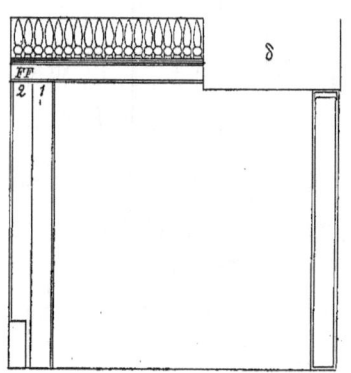

NAOS (INTÉRIEUR)
CHAMBRE VIII
α, mur Est; β, mur Sud; γ, mur Ouest; δ, mur Nord; ε, embrasure de la porte α.

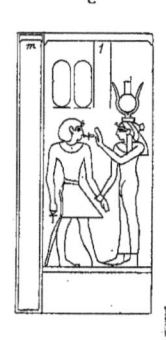

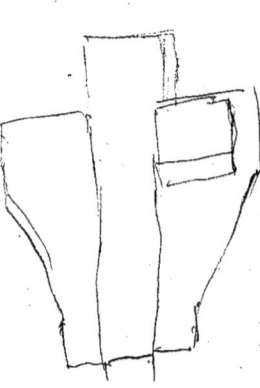

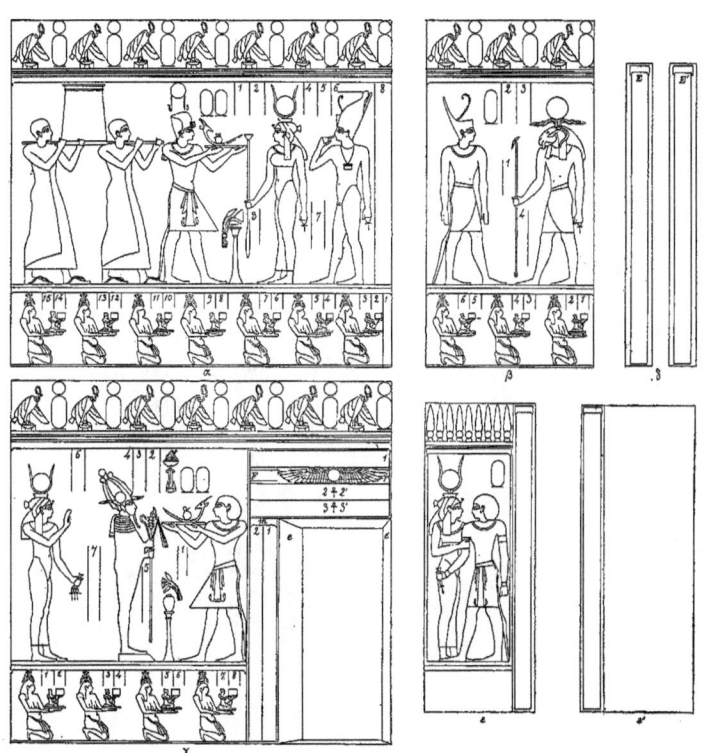

NAOS (INTÉRIEUR)

Chambre IX

α, mur Est; β, mur Nord; γ, mur Ouest; δ, feuillure de la porte s'ouvrant dans la paroi Sud; e, e', embrasure de la porte γ.

PHILÆ : GRAND TEMPLE   Pl. XXII

NAOS (INTÉRIEUR)
CHAMBRE X
α, mur Sud; β, mur Nord.

PHILÆ : GRAND TEMPLE   Pl. XXIII

NAOS (INTÉRIEUR)

Chambre X. — Mur Est.

PHILÆ : GRAND TEMPLE   Pl. XXIV

NAOS (INTÉRIEUR)

Chambre X. — *Mur Ouest.*

PHILÆ : GRAND TEMPLE   Pl. XXV

NAOS (INTÉRIEUR)

CHAMBRE XI

α, mur Sud; β, mur Ouest; γ, mur Nord; δ, mur Est.

PHILÆ : GRAND TEMPLE   Pl. XXVI

NAOS (INTÉRIEUR)

Chambre XII

α, mur Sud; β, mur Ouest; γ, mur Nord; δ, mur Est.

PHILÆ : GRAND TEMPLE Pl. XXVII

NAOS (EXTÉRIEUR)

Mur Est.

PHILÆ : GRAND TEMPLE Pl. XXVIII

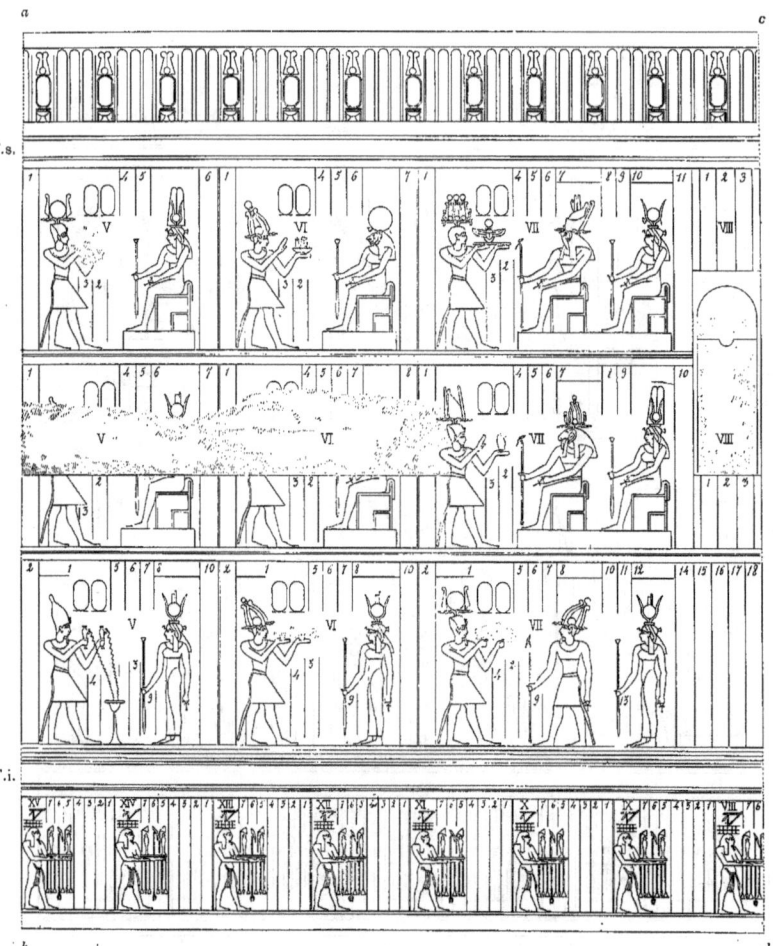

NAOS (EXTÉRIEUR)

Mur Est (suite).

PHILÆ : GRAND TEMPLE   PL. XXIX

NAOS (EXTÉRIEUR)

Mur Est (fin).

PHILÆ : GRAND TEMPLE   Pl. XXX et XXXI

NAOS (EXTÉRIEUR)

Mur Nord

PHILÆ : GRAND TEMPLE   PL. XXXII

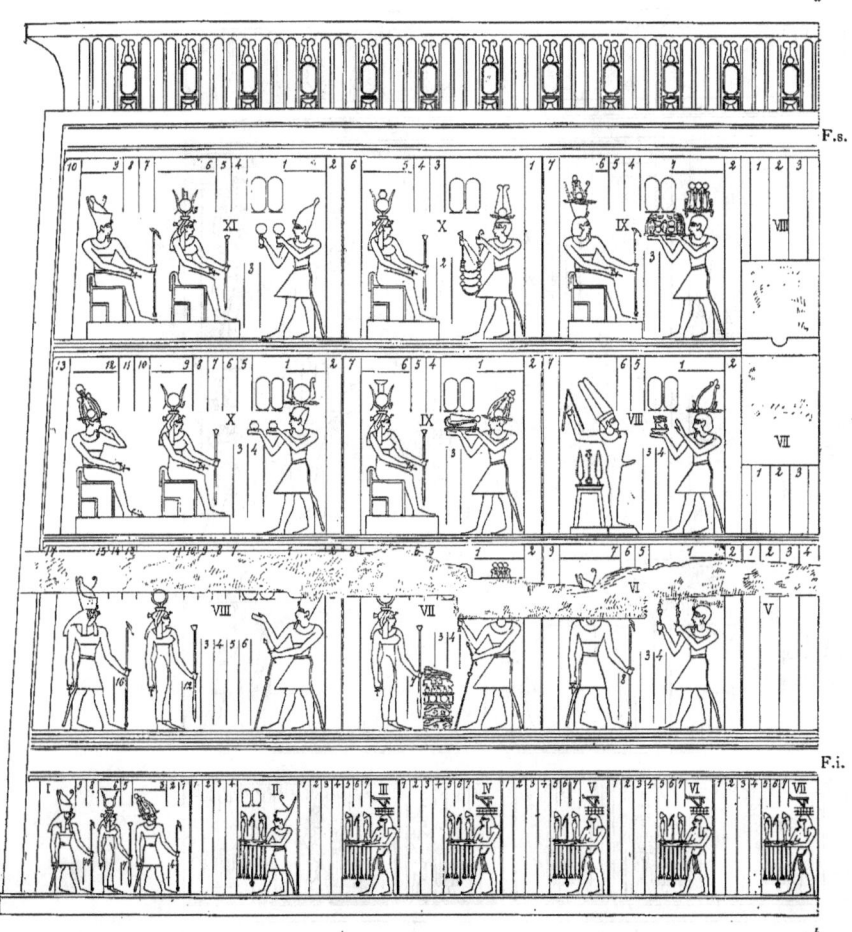

NAOS (EXTÉRIEUR)

Mur Ouest

PHILÆ : GRAND TEMPLE

PL. XXXIII

NAOS (EXTÉRIEUR)

Mur Ouest (suite).

PHILÆ : GRAND TEMPLE   Pl. XXXIV

NAOS (EXTÉRIEUR)

Murs Ouest (fin).

PHILÆ : GRAND TEMPLE

PL. XXXV

TERRASSE DU NAOS

Vestibule *(Mur Nord)*.

PHILÆ: GRAND TEMPLE
Pl. XXXVI

TERRASSE DU NAOS

Vestibule (Mur Est).

TERRASSE DU NAOS

Vestibule *(Mur Sud)*.

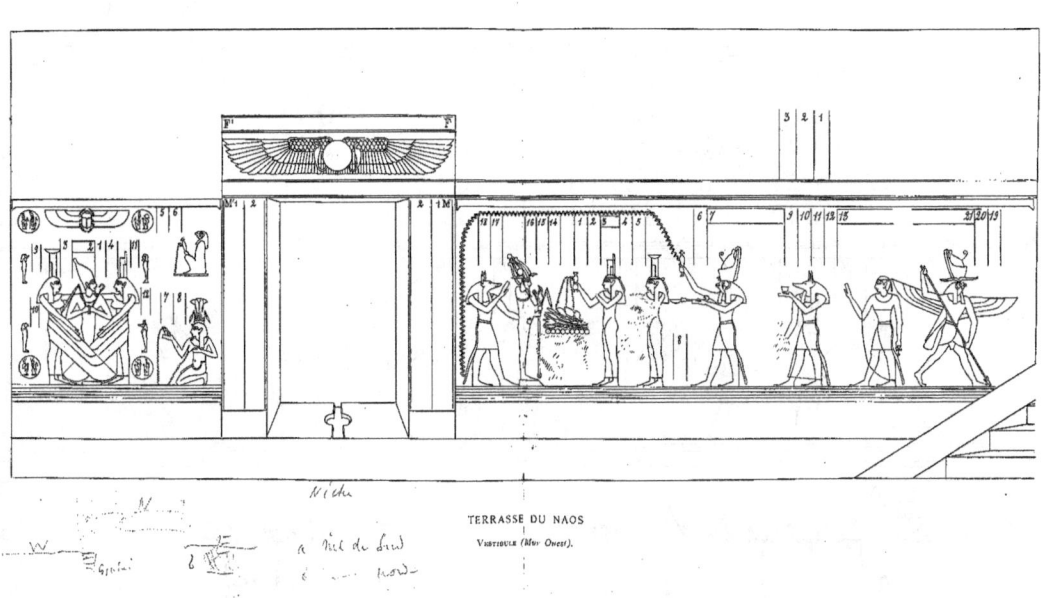

TERRASSE DU NAOS
Vestibule (Mur Ouest).

PHILÆ : GRAND TEMPLE Pl. XXXIX

TERRASSE DU NAOS

Chambre *(Mur Est)*

PHILÆ: GRAND TEMPLE   PL. XL

TERRASSE DU NAOS

Chambre *(Mur Sud).*

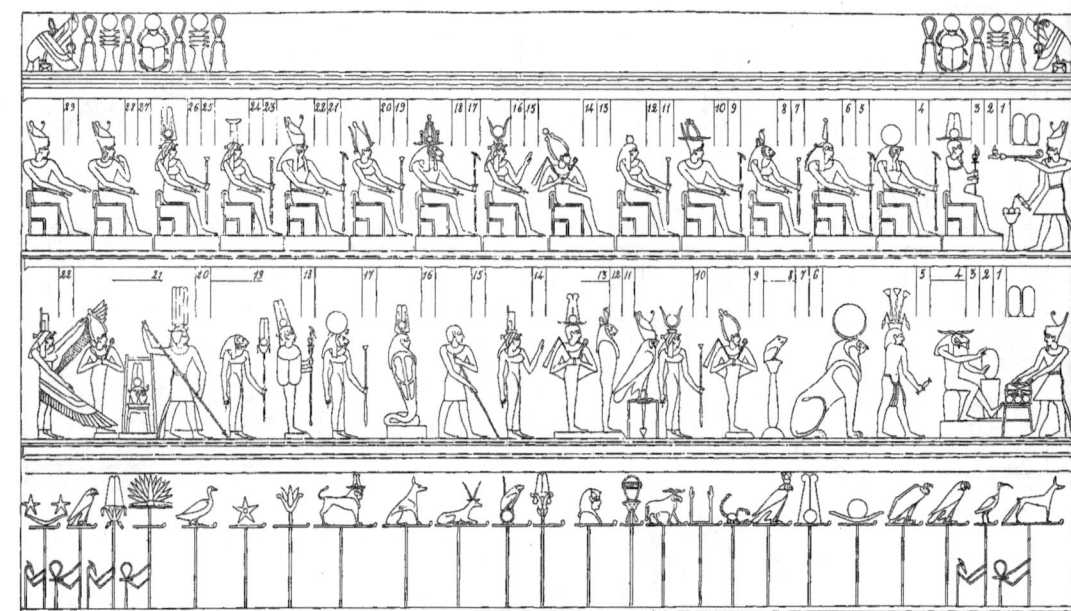

TERRASSE DU NAOS

Chambre *(Mur Ouest)*.

PHILÆ : GRAND TEMPLE PL. XLII

TERRASSE DU NAOS
Chambre *(Mur Nord)*

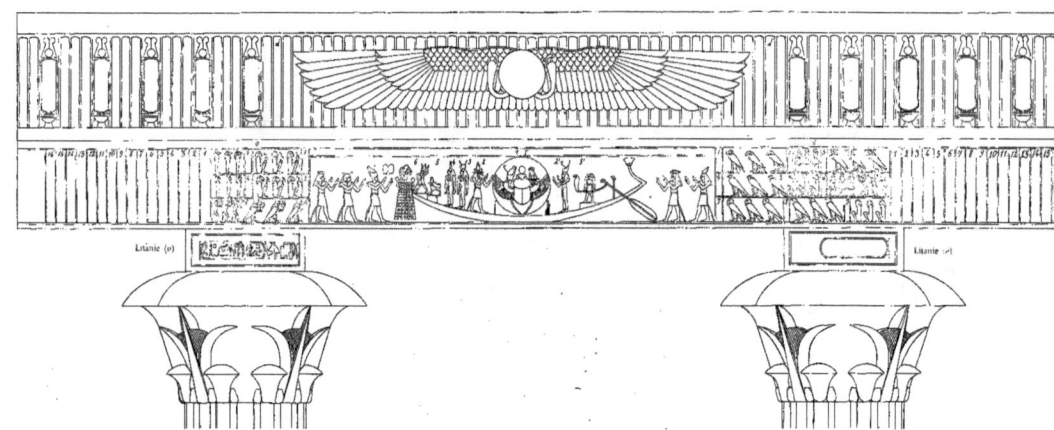

PRONAOS (cour)
Face nord. — Entablement.

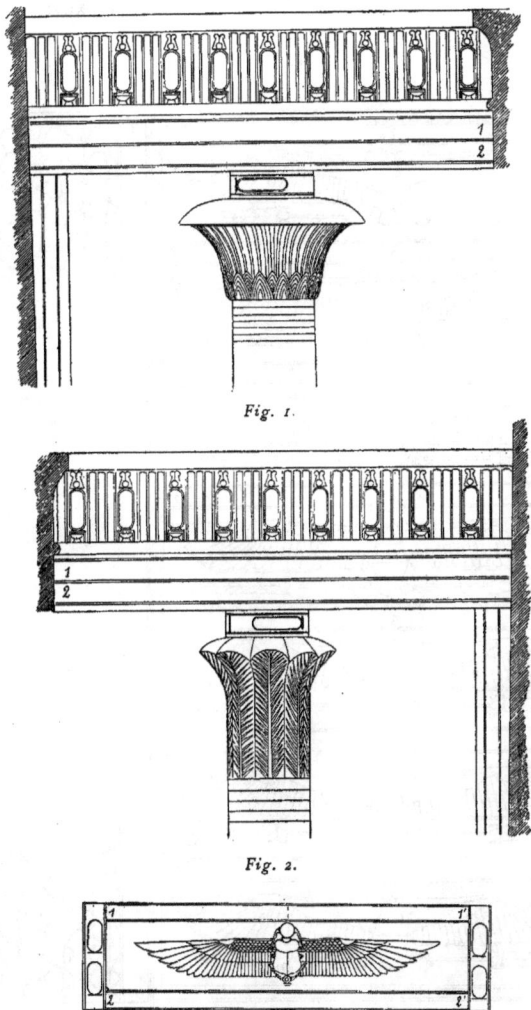

PRONAOS (COUR)

Fig. 1 et 2. — Entablement ouest et est.
Fig. 3. — Soffite de l'architrave nn'.

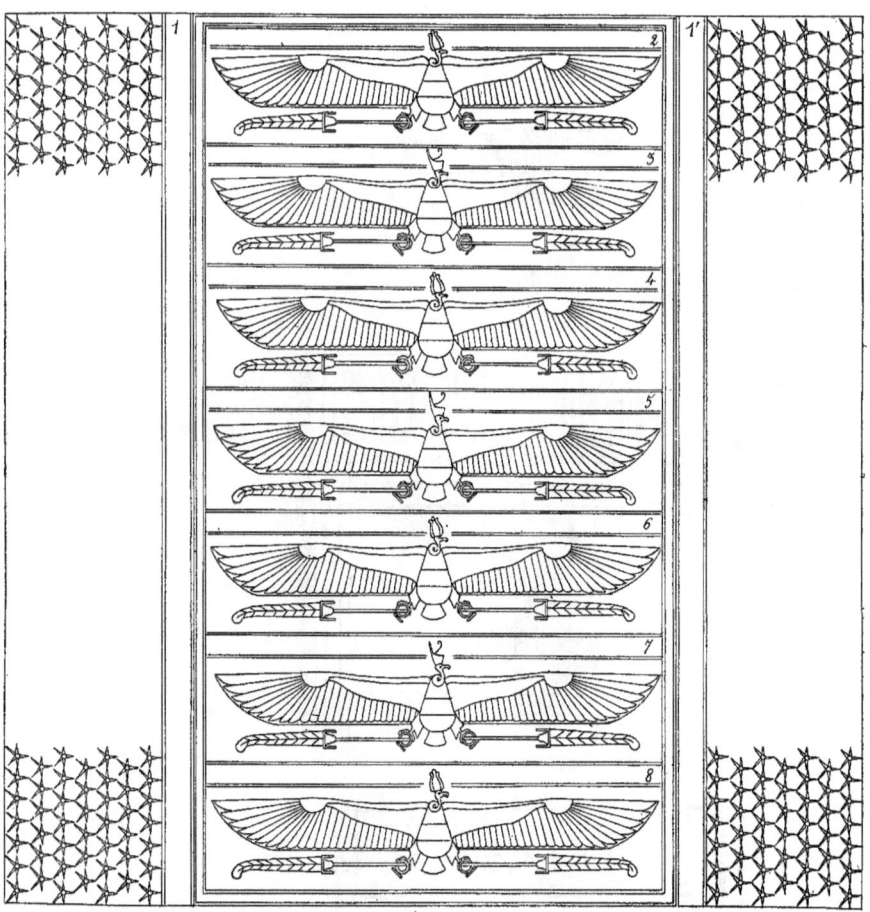

PRONAOS (INTÉRIEUR)

PLAFOND CENTRAL

PHILÆ : GRAND TEMPLE   Pl. XLVII

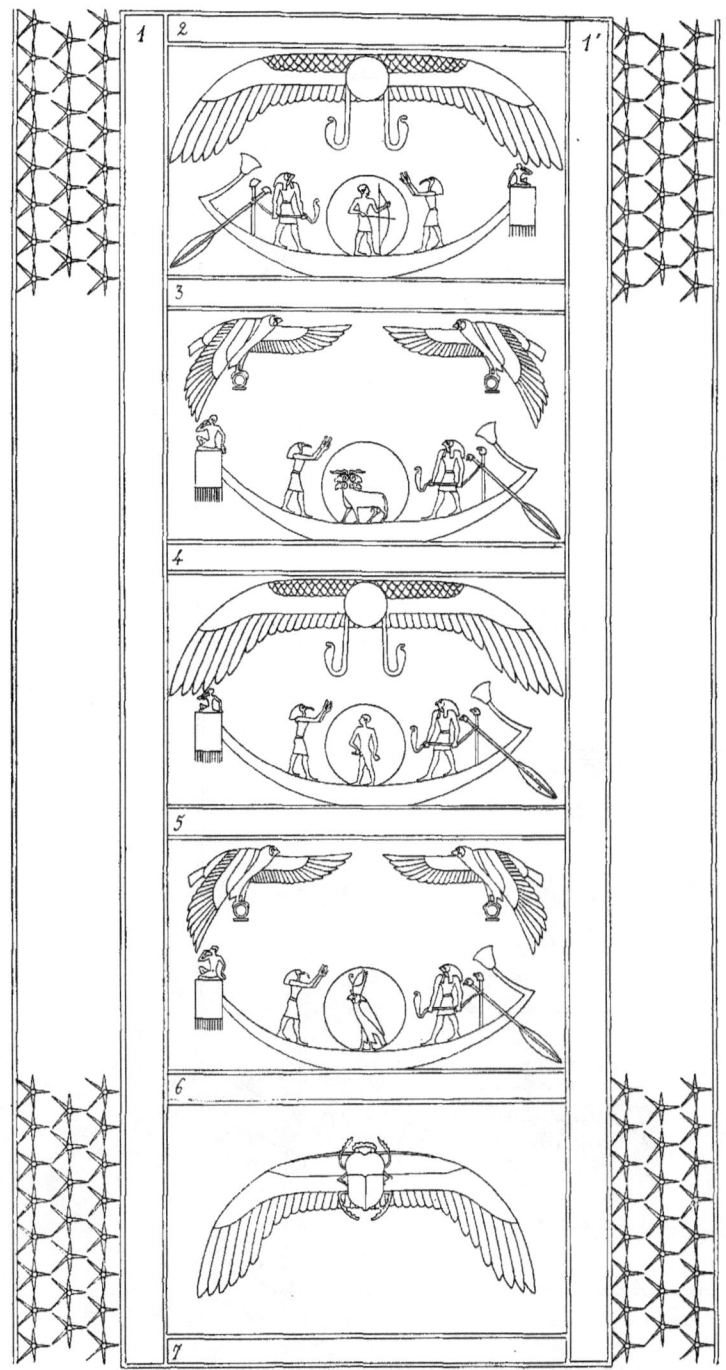

PRONAOS (INTÉRIEUR)

Plafond 1

PHILÆ : GRAND TEMPLE — Pl. XLVIII

PRONAOS (INTÉRIEUR)

Plafond II

PRONAOS (INTÉRIEUR)

Plafond I′

PHILÆ : GRAND TEMPLE   Pl. L

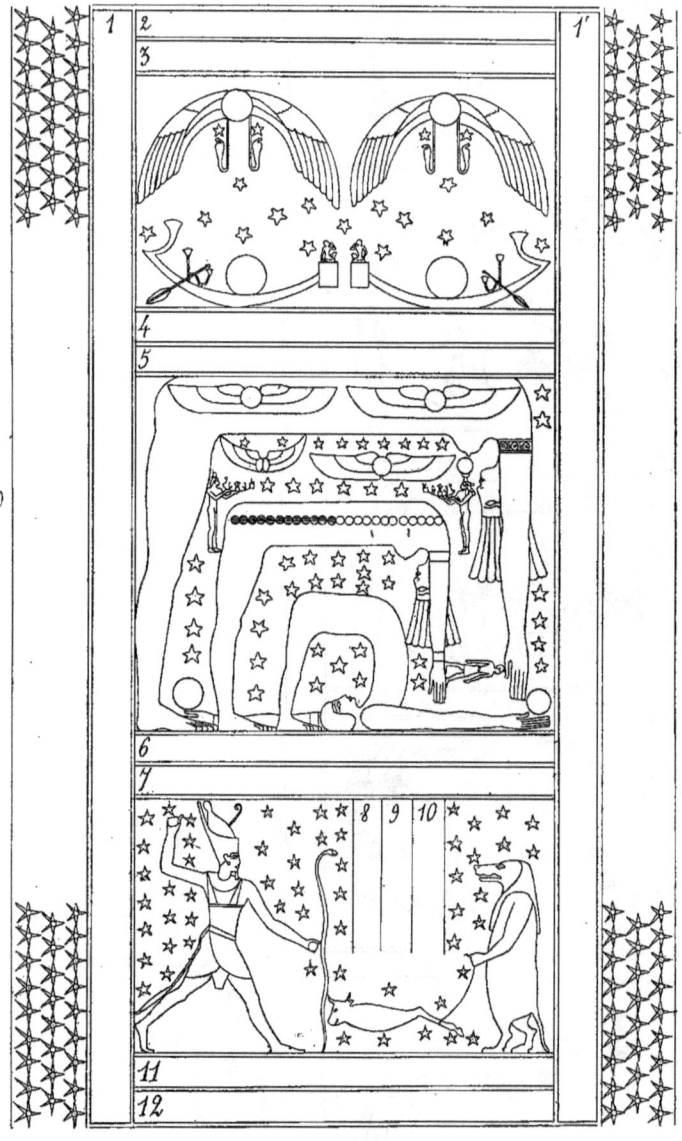

PRONAOS (INTÉRIEUR)

Plafond II'

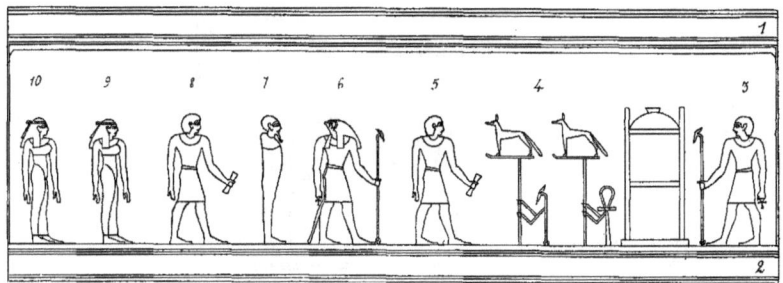

Fig. 1.

Fig. 2.

Fig. 3.

PRONAOS (INTÉRIEUR)

Soffites des architraves de la Travée ouest. — *Heures du jour* : I, II, III.

PHILÆ : GRAND TEMPLE

PL. LII

Fig. 1.

Fig. 2.

Fig. 3.

PRONAOS (INTÉRIEUR)

Soffites des architraves de la Travée ouest. — *Heures du jour* : IV, V, VI.

PHILÆ : GRAND TEMPLE   Pl. LIII

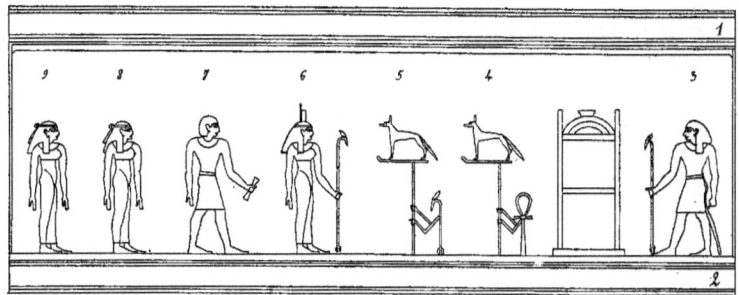

Fig. 1.

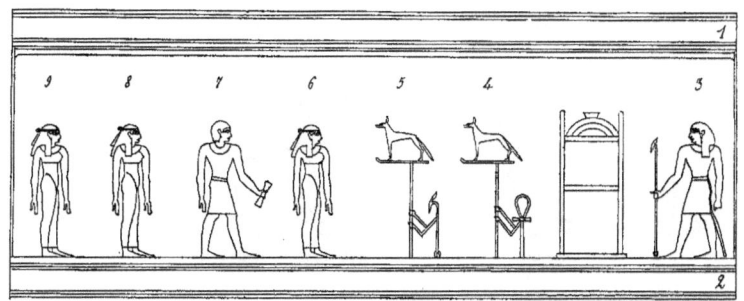

Fig. 2.

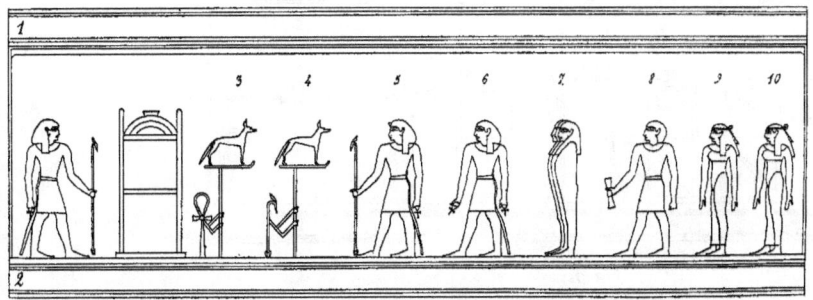

Fig 3.

PRONAOS (INTÉRIEUR)

Soffites des architraves de la Travée ouest et Paroi latérale de l'architrave ed. — *Heures du jour :* VII, VIII, IX.

Fig. 1.

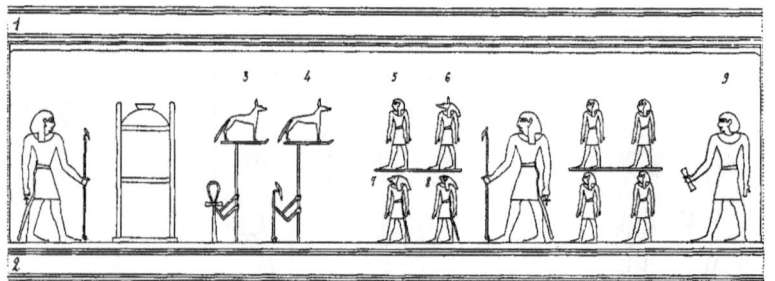

Fig. 2.

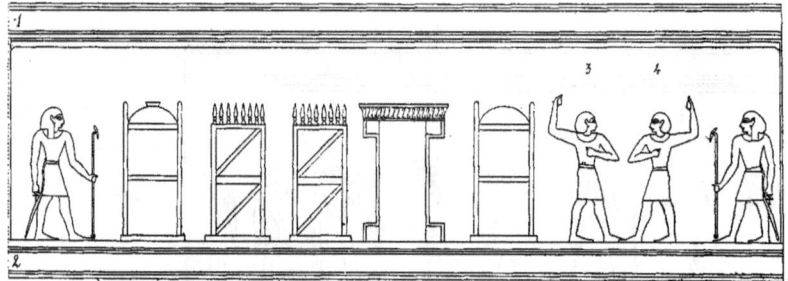

Fig. 3.

PRONAOS (INTÉRIEUR)

Parois latérales de l'architrave *dc*. — *Heures du jour* : X, XI, XII.

PHILÆ : GRAND TEMPLE

PL. LV

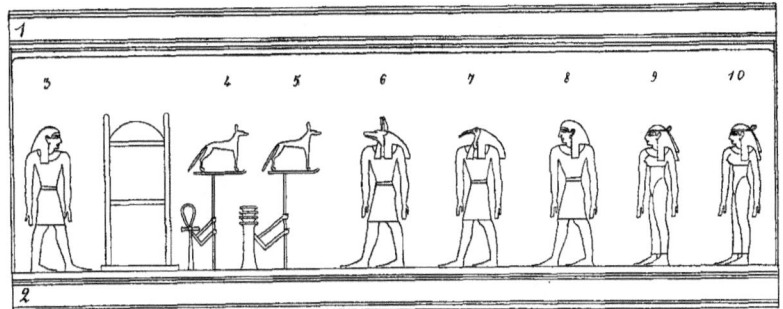

Fig. 1.

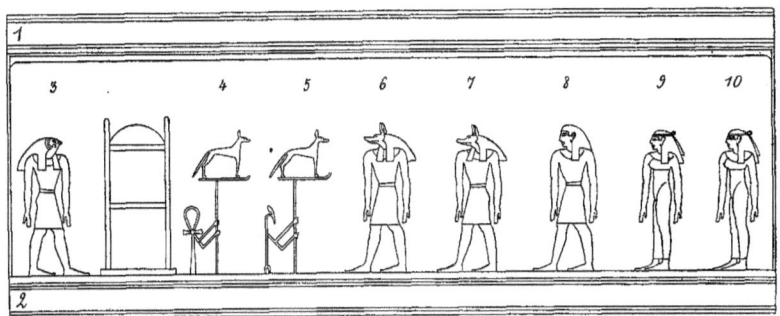

Fig. 2.

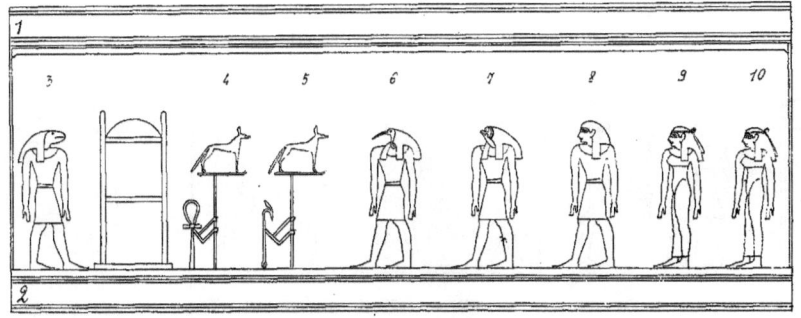

Fig. 3.

PRONAOS (INTÉRIEUR)

Soffites des architraves de la Travée est. — *Heures de la nuit* : I, II, III.

PHILÆ : GRAND TEMPLE   Pl. LVI

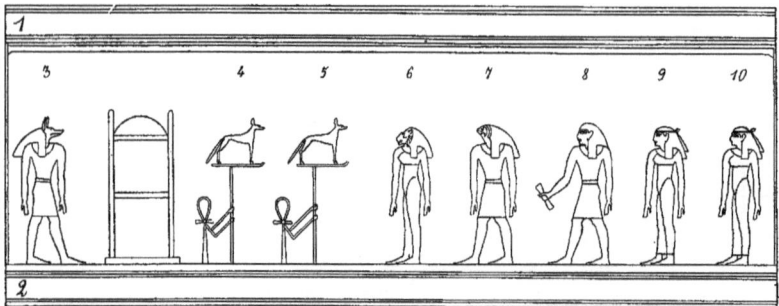

Fig. 1.

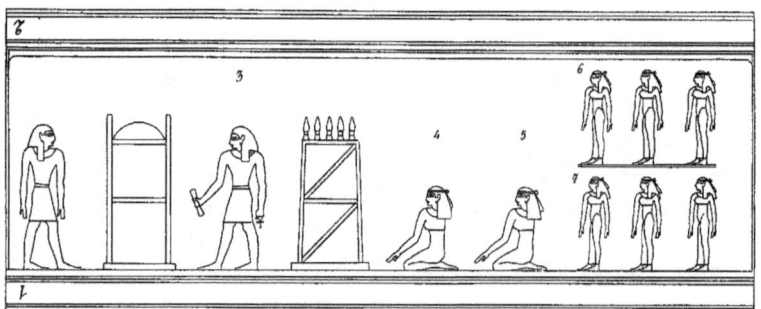

Fig. 2.

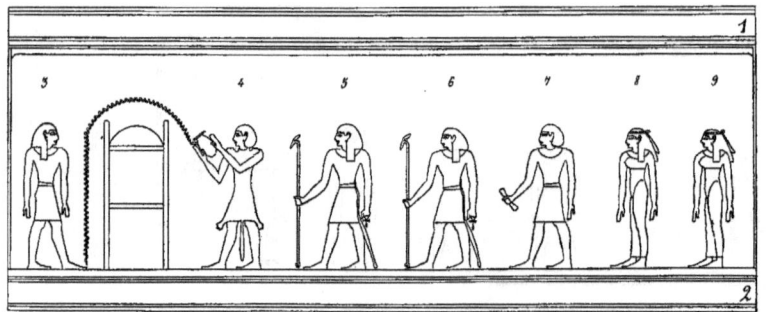

Fig. 3.

PRONAOS (INTÉRIEUR)

Soffites des architraves de la Travée est. — *Heures de la nuit :* IV, V, VI.

PHILÆ : GRAND TEMPLE   Pl. LVII

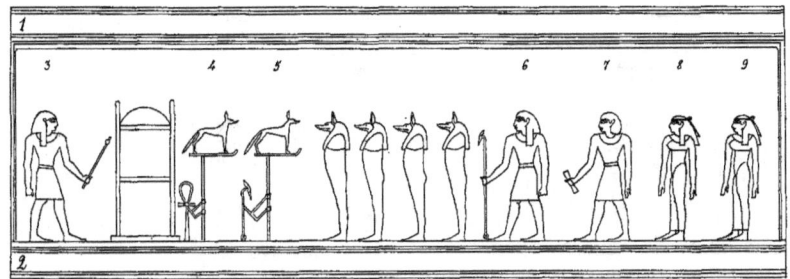

Fig. 1.

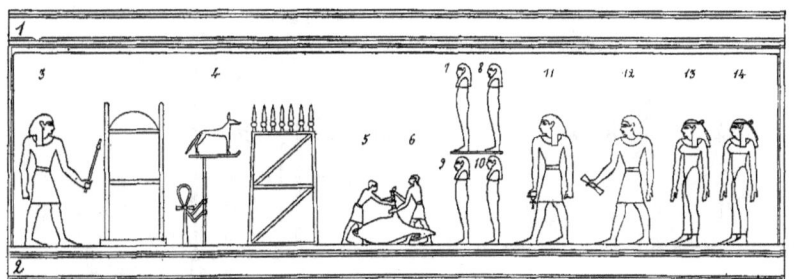

Fig. 2.

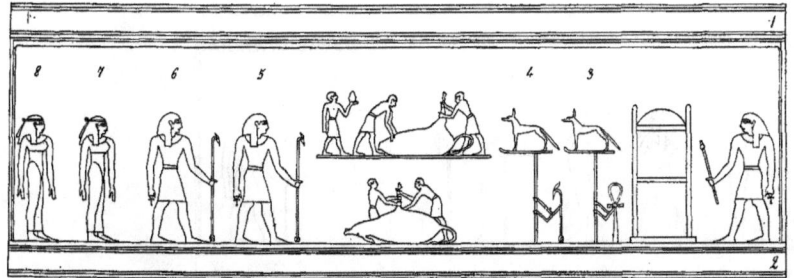

Fig. 3.

PRONAOS (INTÉRIEUR)

Soffites des architraves de la Travée est et Paroi latérale de l'architrave d'e'. — *Heures de la nuit* : VII, VIII, IX.

PHILÆ : GRAND TEMPLE   Pl. LVIII

Fig. 1.

Fig. 2.

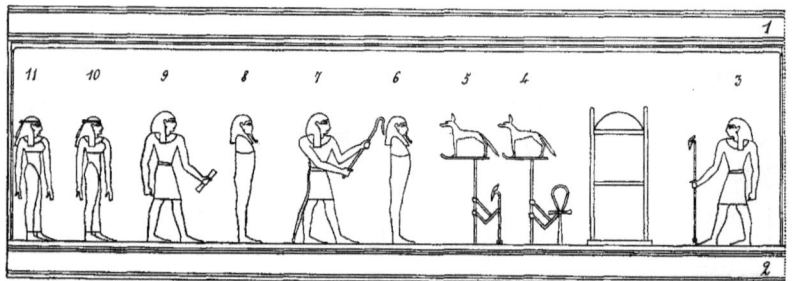

Fig. 3.

PRONAOS (INTÉRIEUR)

Parois latérales de l'architrave d'c'. — *Heures de la nuit* : X, XI, XII.

Fig. 1.

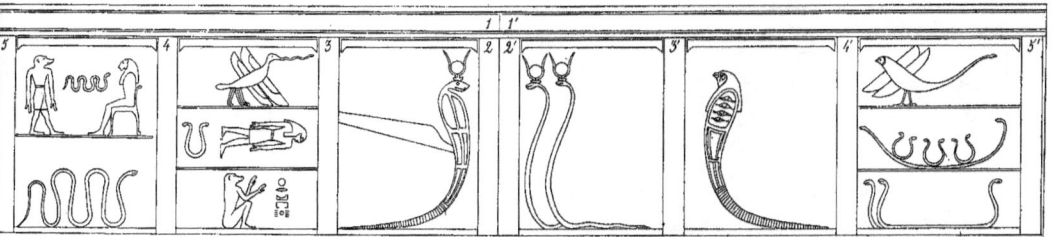

Fig. 2.

PRONAOS (INTÉRIEUR)

Travée centrale : Parois latérales des architraves mm', nn'.

PHILÆ : GRAND TEMPLE   Pl. LX

Fig. 1.

Fig. 2.

Fig. 3.

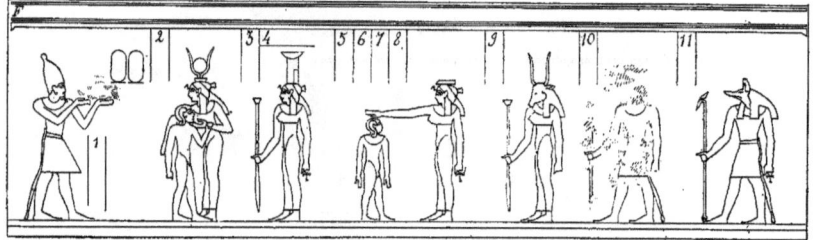

Fig. 4.

PRONAOS (INTÉRIEUR)

Travée ouest : Parois latérales des architraves *kj, li, gf, hy*.

Fig. 1.

NON GRAVÉ

Fig. 2.

Fig. 3.

Fig. 4.

PRONAOS (INTÉRIEUR)

Travée est : Parois latérales des architraves k'j', l'i', g'f', h'y'.

PHILÆ : GRAND TEMPLE   Pl. LXII

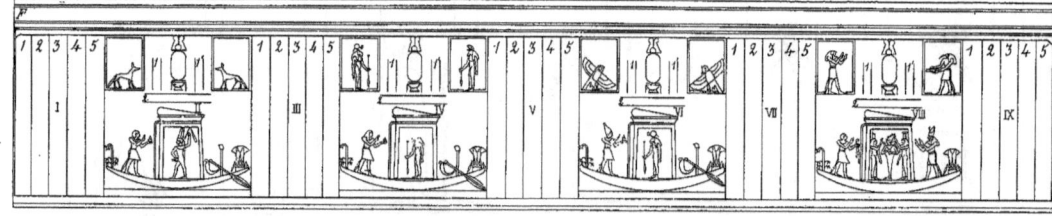

Fig. 1.

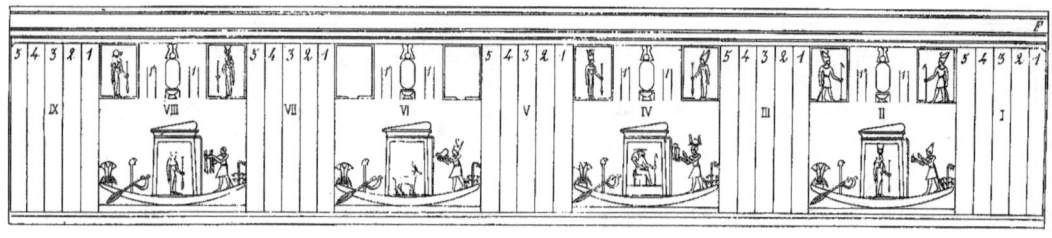

Fig. 2.

PRONAOS (INTÉRIEUR)

Travée ouest : Parois latérales des architraves *nm*, *kl*.

PHILÆ: GRAND TEMPLE Pl. LXIII

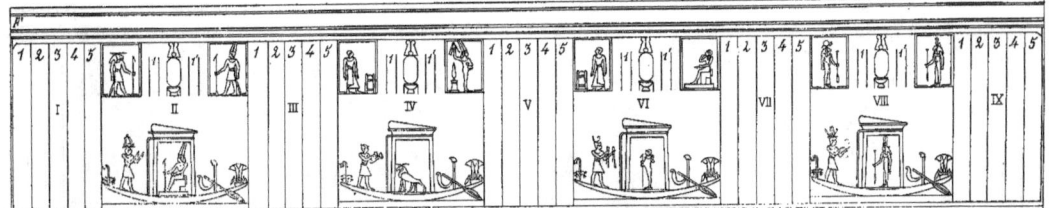

Fig. 1.

Fig. 2.

PRONAOS (INTÉRIEUR)

Travée ouest : Parois latérales des architraves *ji, gh*.

PHILÆ : GRAND TEMPLE
Pl. LXIV

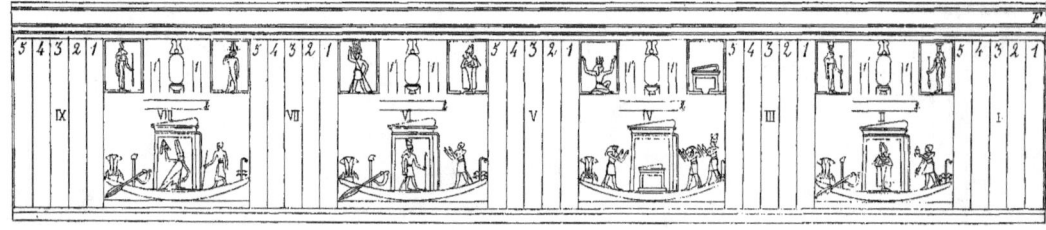

Fig. 1.

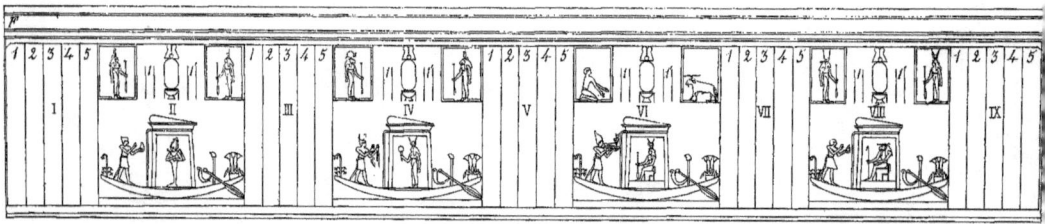

Fig. 2.

PRONAOS (INTÉRIEUR)

Travée est : Parois latérales des architraves $n'm$, $k'l'$.

PHILÆ : GRAND TEMPLE Pl. LXV

Fig. 1.

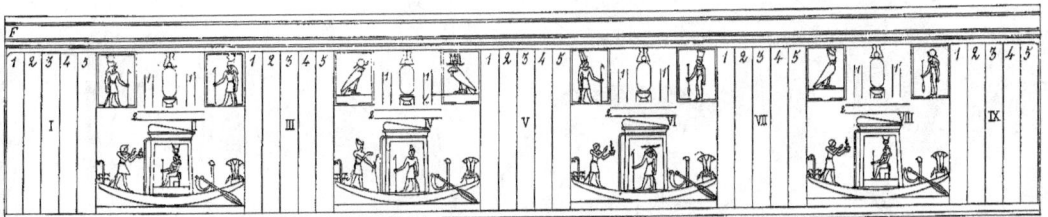

Fig. 2.

PRONAOS (INTÉRIEUR)

Travée est : Parois latérales des architraves $j'i'$, $g'h'$.

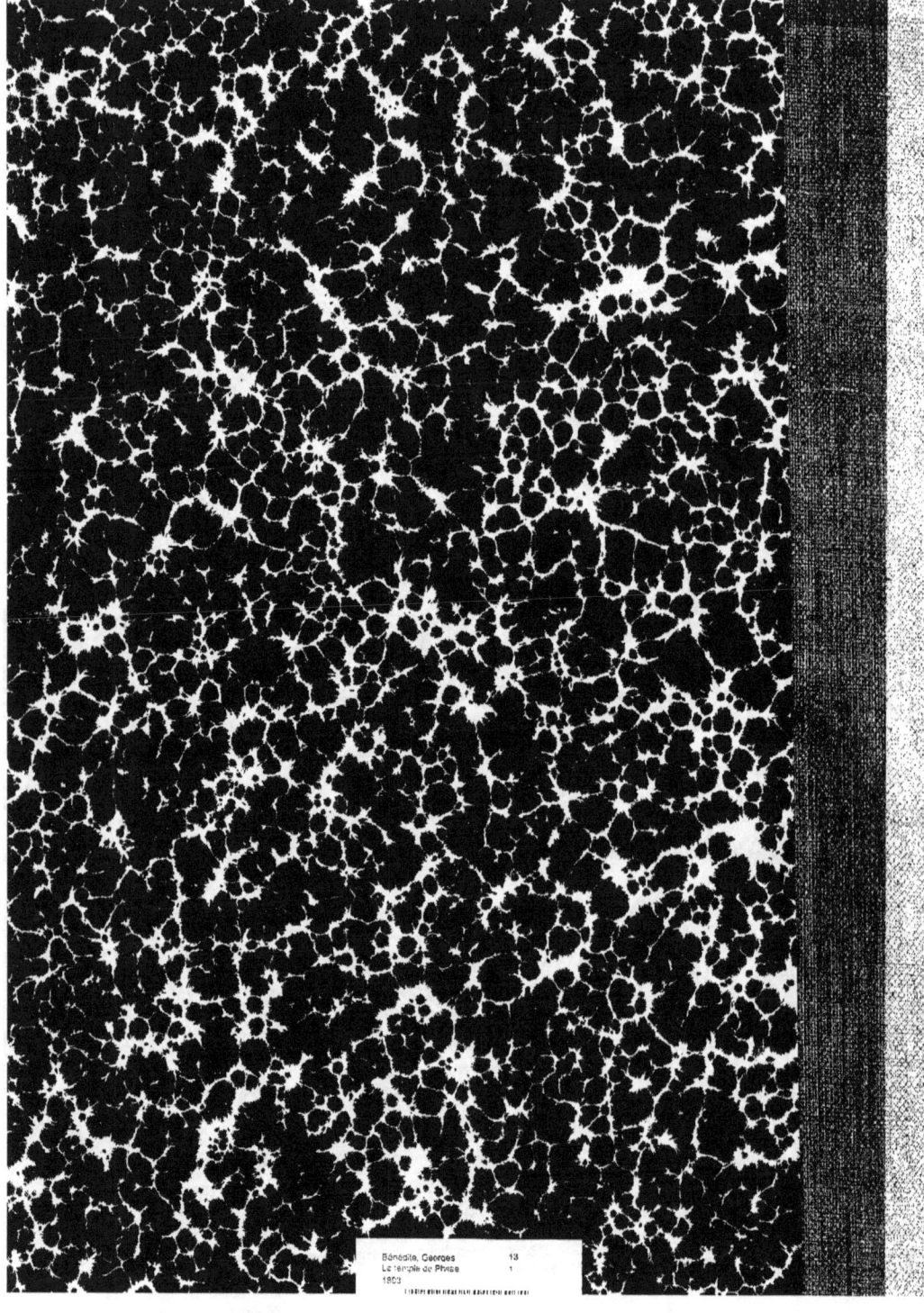

www.ingramcontent.com/pod-product-compliance
Lightning Source LLC
Chambersburg PA
CBHW051908160426
43198CB00012B/1798